公路水运工程试验检测考试高频考点精编

公共基础

（2025 年版）

主编　张甜甜　安　慧

人民交通出版社

北　京

内 容 提 要

本书根据2025年《公共基础》科目考试大纲及考试用书的相关要求,精心梳理了考试大纲中的知识点,将重要知识点做了汇总提炼并辅以大量题目汇编成册。全书共分两部分,第一部分为考点精编,共12章,各章节与考试用书保持一致;第二部分为金题汇编,根据章节顺序汇编整理,供考前巩固练习使用。

本书可作为公路水运工程试验检测人员考前复习参考资料。

图书在版编目(CIP)数据

公路水运工程试验检测考试高频考点精编 ：2025年版. 公共基础 / 张甜甜, 安慧主编. — 北京 ：人民交通出版社股份有限公司, 2025. 6. — ISBN 978-7-114-20470-8

Ⅰ. U41；U61

中国国家版本馆CIP数据核字第2025G9P457号

Gonglu Shuiyun Gongcheng Shiyan Jiance Kaoshi Gaopin Kaodian Jingbian　Gonggong Jichu

书　　名：公路水运工程试验检测考试高频考点精编　公共基础(2025年版)

著 作 者：张甜甜　安　慧

责任编辑：朱伟康　师静圆

责任校对：赵媛媛

责任印制：张　凯

出版发行：人民交通出版社

地　　址：(100011)北京市朝阳区安定门外外馆斜街3号

网　　址：http://www.ccpcl.com.cn

销售电话：(010)85285857

总 经 销：人民交通出版社发行部

经　　销：各地新华书店

印　　刷：北京市密东印刷有限公司

开　　本：787×1092　1/16

印　　张：11.25

字　　数：270千

版　　次：2025年6月　第1版

印　　次：2025年6月　第1次印刷

书　　号：ISBN 978-7-114-20470-8

定　　价：72.00元

PREFACE 前言

《公共基础》作为公路水运工程试验检测考试的重要科目,其知识体系繁杂,涵盖法律法规、计量与测量、试验检测基础知识等多方面内容。考试不仅对考生的理论知识储备要求较高,还注重考查考生对知识点的综合运用能力。同时,该科目涉及的法律法规和标准规范会持续更新,这使得考生在备考时需要紧跟变化,全面且精准地把握考点,这无疑增加了考试的难度。

为帮助广大考生高效备考,构建清晰的知识框架,顺利攻克重点难点,提升复习的整体效率,本书严格依据考试大纲与官方指定教材,紧密结合行业当下最新的法律法规和标准规范,深入剖析命题风格,并充分吸纳考生的反馈意见,精心梳理整合了《公共基础》科目的核心考点,并辅以优质金题汇编成册。

本书主要由考点精编与金题汇编两部分构成。在考点精编部分,各知识点依照教材章节顺序依次呈现。依据知识点的考查频率以及重要程度,对文字进行了不同颜色的标记区分:**红色**标记的知识点,是高频考点,属于重中之重的内容(尤为重要的知识点用下划线标记);**蓝色**标记的知识点,是考试中的重要组成部分;**其余**的则为一般性知识点。在金题汇编部分,作者按照章节对优质金题进行分类,以节为单位有序编排,方便考生巩固高频考点,精准检验复习效果。金题答案配有详细解析,请考生微信扫描本书封面二维码(刮开涂层),在电子题库中查看。

在编写过程中,为实现对考点的精准提炼,减轻考生的备考压力,对于极少数考查频率极低或理解掌握难度过大的零散知识点进行了合理的筛选舍弃。考虑到近年来法律法规和标准规范更新较快,对部分涉及旧的法律法规和标准规范的题目也已进行了相应修改。

由于编写时间与水平的限制,本书可能存在一些疏漏和不足之处,在此诚邀各位考生和业内同行不吝指正,提出宝贵的意见和建议。

衷心祝愿每一位考生都能在学习中收获满满,顺利通过考试!

作　者

2025 年 5 月

CONTENTS 目录

第一部分 考点精编

第二部分　金题汇编

第一部分　考点精编

第一章　概　　述

第一节　新时代交通强国建设面临的机遇和任务

考点一：试验检测的重要作用

试验检测贯穿公路水运工程的始终，从设计初期的地质勘察到施工建设，再延伸到使用中的监控养护，均离不开试验检测。设计需要地质勘察的数据为其设计方案提供依据，施工建设工程中的质量控制需要对所用材料的质量进行检测，避免使用不合格的材料，同时对已完工的工程实体进行检测，确保工程的实体质量满足相关规范要求；对于重点结构工程施工，一般还需在施工全过程进行监控、量测及预报。工程进入运营后，大量的养护管理也将涉及试验检测。总之，试验检测是工程建设中进行质量、安全、进度、费用等控制的重要手段。

考点二：《习近平在第二届联合国全球可持续交通大会开幕式上的主旨讲话》内容

百年变局和世纪疫情叠加，推进全球交通合作，书写基础设施联通、贸易投资畅通、文明交融沟通的新篇章。

第一，坚持开放联动，推进互联互通。要加强基础设施"硬联通"、制度规则"软联通"，促进陆、海、天、网"四位一体"互联互通。

第二，坚持共同发展，促进公平普惠。

第三，坚持创新驱动，增强发展动能。要大力发展智慧交通和智慧物流，推动大数据、互联网、人工智能、区块链等新技术与交通行业深度融合，使人享其行、物畅其流。

第四，坚持生态优先，实现绿色低碳。要加快形成绿色低碳交通运输方式，加强绿色基础设施建设，推广新能源、智能化、数字化、轻量化交通装备，鼓励引导绿色出行，让交通更加环保、出行更加低碳。

第五，坚持多边主义，完善全球治理。

中国将继续推进高质量共建"一带一路"，加强同各国基础设施互联互通，加快建设绿色丝绸之路和数字丝绸之路。中方将建立中国国际可持续交通创新和知识中心,为全球交通发展贡献力量。

考点三:交通强国建设的指导思想

以习近平新时代中国特色社会主义思想为指导,坚持新发展理念,推动交通发展实现"三个转变",即由追求速度规模向注重质量效益转变,由各种交通方式相对独立发展向综合交通发展转变,由依靠传统要素驱动向更加注重创新驱动转变。

考点四:交通强国建设的发展目标(表 1-1)

交通强国建设的发展目标　　表 1-1

项目	内容	
交通强国建设总目标	人民满意、保障有力、世界前列	
两个阶段性目标	第一阶段	从 2020 到 2035 年,用 15 年时间基本建成交通强国
	第二阶段	从 2036 到 2050 年,全面建成交通强国
三张交通网	发达的快速网,完善的干线网,广泛的基础网	
两个交通圈	全国 123 出行交通圈(都市内 1 小时通勤,城市群 2 小时通达,全国主要城市 3 小时覆盖) 全球 123 快货物流圈(货物国内 1 天送达,周边国家 2 天送达,全球主要城市 3 天送达)	

考点五:《交通强国建设纲要》关键条文

基础设施布局完善、立体互联:强化西部地区补短板,推进东北地区提质改造,推动中部地区大通道大枢纽建设,加速东部地区优化升级;推进城市公共交通设施建设,强化城市轨道交通与其他交通方式衔接,完善快速路、主次干路、支路级配和结构合理的城市道路网;全面推进"四好农村路"建设,实现以交通便利带动脱贫减贫,深度贫困地区交通建设项目尽量向进村入户倾斜;依托京津冀、长三角、粤港澳大湾区等世界级城市群,打造具有全球竞争力的国际海港枢纽、航空枢纽和邮政快递核心枢纽。

安全保障完善可靠、反应快速:强化交通基础设施养护,加强基础设施运行监测检测,提高养护专业化、信息化水平,增强设施耐久性和可靠性。完善预防控制体系,有效防控系统性风险,建立交通装备、工程第三方认证制度。

开放合作面向全球、互利共赢:以丝绸之路经济带六大国际经济合作走廊为主体,推进与周边国家铁路、公路、航道、油气管道等基础设施互联互通;鼓励国内交通企业积极参与"一带一路"沿线交通基础设施建设和国际运输市场合作,打造世界一流交通企业。

完善治理体系,提升治理能力:优化营商环境,全面实施市场准入负面清单制度,构建以信用为基础的新型监管机制;培育交通文明,弘扬以"两路"精神、青藏铁路精神、民航英雄机组等为代表的交通精神,增强行业凝聚力和战斗力。

保障措施:一是加强党的领导;二是加强资金保障;三是加强实施管理。

服务国家重大战略体现四个方面:第一,服务区域协调发展战略;第二,服务三大攻坚战(防范化解重大风险,精准脱贫,污染防治);第三,服务乡村振兴战略;第四,服务扩大开放战略。

考点六:《质量强国建设纲要》精髓

1. 质量强国建设目标:到 2025 年,质量整体水平进一步全面提高,中国品牌影响力稳步提升,人民群众质量获得感、满意度明显增强,质量推动经济社会发展的作用更加突出,质量强国建设取得阶段性成效。到 2035 年,质量强国建设基础更加牢固,先进质量文化蔚然成风,质量和品牌综合实力达到更高水平。

六大目标:经济发展质量效益明显提升;产业质量竞争力持续增强;产品、工程、服务质量水平显著提升;品牌建设取得更大进展;质量基础设施更加现代高效;质量治理体系更加完善。

2. 七大重点工程:区域质量发展示范工程;重点产品质量阶梯攀登工程;建设工程质量管理升级工程;服务品质提升工程;中国品牌建设工程;质量基础设施升级增效工程;质量安全监管筑堤工程。

3. 八个重点任务:推动经济质量效益型发展;增强产业质量竞争力;加快产品质量提档升级;提升建设工程品质;增加优质服务供给;增强企业质量和品牌发展能力;构建高水平质量基础设施;推进质量治理现代化等。

考点七:《中共中央办公厅　国务院办公厅关于加快建设统一开放的交通运输市场的意见》(以下简称《意见》)解读(2025 年考试大纲新增)

1.《意见》着眼加快建设统一开放的交通运输市场,聚焦深化交通运输重点领域改革、完善交通运输市场制度、优化交通运输市场要素资源配置、完善交通运输市场监管机制等四个方面,提出了若干切实可行的工作任务和保障措施,为构建全国统一大市场、畅通国民经济循环提供坚实保障。

2.《意见》把深化交通运输重点领域改革作为重点任务,在体制机制、制度体系、公平竞争、运行基础等方面提出了一系列切实可行的举措。

(1)完善机制、健全制度,夯实现代综合交通运输体系发展基础。

健全综合交通运输统筹发展、运行监测、公共服务、科技创新、网络安全和信息化等职责体系和运行机制,强化综合交通运输发展重大政策协同,完善综合交通运输法律法规标准和统计监测体系,健全综合交通运输标准和计量体系,完善综合交通运输统计调查体系等,推动交通运输跨区域统筹布局、跨方式一体衔接、跨领域协同发展。

(2)打破壁垒、激发活力,推进行业自然垄断领域改革。

以深入推进政企分开、政资分开、特许经营、政府监管为主要内容,加快推进铁路等行业竞争性环节市场化改革,明确自然垄断环节和竞争性环节范围。

(3)补链强链、高效衔接,健全多式联运运行体系。

以联网、补网、强链为重点,适度超前开展交通基础设施建设,加快建设国家综合立体交通网主骨架,加快铁水、公铁、空陆等多式联运发展,推动"一单制"等规则协调和互认,加快培育多式联运经营主体。

(4)安全绿色、智慧转型,建设高水平综合交通运输服务市场。

将安全发展、绿色低碳、智慧转型理念贯穿交通基础设施规划、设计、建设、管理、运营、维护全过程,不断提升基础设施运行质量效率和安全韧性,加强应急物流保障体系建设。

(5)开放合作、交通天下,助力构建新发展格局。

构建与国际通行规则相衔接的制度体系和监管模式,稳步扩大规则、规制、管理、标准等制度型开放。构建以国内大循环为主体、国内国际双循环相互促进的新发展格局,加快建设统一开放的交通运输市场。

考点八:《中共中央　国务院关于开展质量提升行动的指导意见》的内容

1. 指导思想

以提高发展质量和效益为中心,将质量强国战略放在更加突出的位置,开展质量提升行动,加强全面质量监管。

2. 基本原则

以质量第一为价值导向;以满足人民群众需求和增强国家综合实力为根本目的;以企业为质量提升主体;以改革创新为根本途径。

3. 四项分目标

(1)产品、工程和服务质量明显提升;

(2)产业发展质量稳步提高;

(3)区域质量水平整体跃升;

(4)国家质量基础设施效能充分释放。

4. 三大主攻方向

瞄准产品、工程、服务三大质量。

细化为 8 个重点领域:增加农产品、食品、药品优质供给,促进消费品提质升级,提升装备制造竞争力,提升原材料供给水平,提升建设工程质量水平,推动服务业提质增效,提升社会治理和公共服务水平,加快对外贸易优化升级。

5. 质量提升七大举措

(1)实施质量攻关工程:围绕重点产品、重点行业开展质量状况调查,组织质量比对和会商会诊,找准比较优势、行业通病和质量短板,研究制定质量问题解决方案。

(2)加快标准提档升级。

(3)激发质量创新活力:建立质量分级制度,完善第三方质量评价体系,开展高端品质认证,推动质量评价由追求“合格率”向追求“满意度”跃升。

(4)推进全面质量管理:推广现代企业管理制度,广泛开展质量风险分析与控制、质量成本管理、质量管理体系升级等活动,提高质量在线监测、在线控制和产品全生命周期质量追溯能力,推行精益生产、清洁生产等高效生产方式。

(5)加强全面质量监管。

(6)着力打造中国质量品牌。

(7)推进质量全民共治:创新质量治理模式,注重社会各方参与,健全社会监督机制,推进以法治为基础的社会多元治理,构建市场主体自治、行业自律、社会监督、政府监管的质量共治格局。

6. 保障措施方面

提出了制度法规、财税金融、人才教育、质量激励、组织领导五大保障。

考点九:《国家标准化发展纲要》解读

发展目标:到 2025 年,标准供给由政府主导向政府与市场并重转变、标准运用由产业与贸易为主向经济社会全域转变、标准化工作由国内驱动向国内国际双循环相互促进转变、标准化发展由数量规模型向质量效益型转变;共性关键技术和应用类科技计划项目形成标准研究成果的比率达到 50% 以上;国家标准平均制定周期缩短至 18 个月以内。2035 年要形成"市场驱动、政府引导、企业为主、社会参与、开放融合"的标准化工作格局。

"加强关键技术领域标准研究"部分指出:在人工智能、量子信息、生物技术等领域,开展标准化研究。质量服务行业根据实际基础和市场需求,围绕涉及检验检测、认证、计量、评价等细分领域的标准需求开展标准研制工作。

"深化标准化交流合作"部分指出:积极推进与共建"一带一路"国家在标准领域的对接合作。到 2025 年,国际标准转化率达到 85% 以上。

第二节　相关政策促进形成公路水运工程试验检测发展新格局

考点一:《公路建设市场信用信息管理办法(试行)》解读

第十三条　公路建设市场信用信息按以下方式征集,由省级交通运输主管部门汇总录入:

1. 基本信息由从业单位按规定自行登录填报,对真实性负责;

2. 表彰奖励类良好行为信息由市级及以上交通运输主管部门、与公路建设有关的单位或涉及的从业单位提供,从业单位自主提供的,需附相关表彰奖励确认文件;

3. 不良行为信息由市级及以上地方交通运输主管部门、与公路建设有关的单位提供;

4. 信用评价信息由国务院和省级交通运输主管部门分别录入。

第十七条　从业单位基本信息在公路建设市场信用信息管理系统中处于锁定状态,发生变化的,应于 10 个工作日内向负责公布相应信息的交通运输主管部门提出申请后予以更新。

第二十九条修改为"省级及以上交通运输主管部门在动态管理中,发现勘察、设计、施工、监理、试验检测等单位的人员、业绩等指标低于相关资质、资格标准要求的,依照有关法律、行政法规、部门规章的规定执行",取消了限制投标、降低资质等行政处罚措施。

考点二:《关于加强公路水运工程建设质量安全监督管理工作的意见》(以下简称《质量安全监督管理意见》)解读

1.《质量安全监督管理意见》提出树立新理念构建新格局。

树立新发展理念就是树立全生命周期建设发展理念,将质量安全工作贯穿于规划、设计、建设、运营等各环节,将安全发展贯穿于交通基础设施建设各领域、全过程。

构建新发展格局就是以建立完善现代化工程建设质量安全管理体系为核心,有效落实企业主体责任和交通运输主管部门监管责任。以信息化为技术手段，加强各参建单位质量安全工作的协同协作，全面推行精品建造和精细管理，建设一流交通基础设施，强力支撑交通强国建设。

2.《质量安全监督管理意见》要求各地交通运输主管部门按照“谁审批，谁监管，谁主管，谁监管”的原则，确保工程项目质量安全监管全覆盖、无遗漏。坚持“四项基本制度”，强化对多元化投融资建设工程项目行业监管。

3.《质量安全监督管理意见》规定，立足工程项目全生命周期建设发展理念，落实工程项目可行性研究、设计、招标投标、施工许可、建设监督，验收等全过程监管。实施重点工程项目“清单制”。对“管理弱、隐患多、事故多发”的依法依规实行严管和惩戒。

4. 结合全国公路水运工程监督执法机构改革现状，提出要加强省市县三级负责质量安全监督的执法队伍建设，持续推动执法队伍职责落实到位，人员装备到位，资金保障到位，履职尽责到位等“四个到位”。全面落实建设项目监管部门监管责任，提高监管效能。

5.《质量安全监督管理意见》要求，以推动平安百年品质工程创建示范工作为载体，将标准化设计、工厂化生产、智能化建造、智慧化管理作为实现精品建造和精细管理的路径，不断提高工程质量安全性和耐久性。深化平安工地建设，推进所有工程项目平安工地建设全覆盖，全面落实“零死亡”的安全管理目标。

第二章　公路水运工程试验检测管理相关法律法规及政策

第一节　计量法及计量法实施细则

考点一:《计量法》的宗旨

1. 1985 年国家颁布《计量法》,1987 年发布《计量法实施细则》。

2.《计量法》目的(宗旨):加强计量监督管理;保障国家计量单位制的统一和量值的准确可靠;有利于生产贸易和科学技术的发展;适合社会现代化建设的需要;维护国家、人民的利益。

检验检测技术活动的核心是提供准确客观的数据。

仪器设备的计量准确可靠又直接决定数据的准确性。

3.《计量法》由总则,计量基准器具、计量标准器具和计量检定,计量器具管理,计量监督,法律责任和附则共六章三十四条组成。《计量法实施细则》由总则、计量基准器具和计量标准器具、计量检定、计量器具的制造和修理、计量器具的销售和使用、计量监督、产品质量检验机构的计量认证、计量调解和仲裁检定、费用、法律责任、附则共十一章六十条组成。

4. 适用范围:1985 年颁布《计量法》,2017 年 12 月第四次修正并实施。其中明确规定:

计量器具分为强制检定和非强制检定两种,在中华人民共和国境内,建立计量基准器具、计量标准器具,进行计量检定,制造、修理、销售、使用计量器具,必须遵守《计量法》。

考点二:计量器具和计量检定的定义

1. 计量器具是指能用以直接或间接测出被测对象量值的装置、仪器仪表、量具和用于统一量值的标准物质,包括计量基准、计量标准、工作计量器具。

2. 计量检定是指为评定计量器具的计量性能确定其是否合格所进行的全部工作,包括检验和加盖封印等。它是进行量值传递的重要形式,是保证量值准确一致的重要措施。

考点三:国家法定计量单位的构成、制定与发布

《计量法》第 3 条规定:国家实行法定计量单位制度。

国际单位制计量单位和国家选定的其他计量单位,为国家法定计量单位。国家法定计量单位的名称、符号由国务院公布。

我国允许使用的计量单位是国家法定计量单位。国家法定计量单位,由国际单位制单位和国家选定的非国际单位制单位组成。因特殊需要采用非法定计量单位的管理办法,由国务院计量行政部门另行制定。

考点四:计量基准器具与计量标准器具

1.《计量法》第 4 条规定:县级以上地方人民政府计量行政部门对本行政区域内的计量工作实施监督管理。

2.《计量法》第 5 条规定:国务院计量行政部门负责建立各种计量基准器具,作为统一全国量值的最高依据。

3.《计量法》第 6 条规定:县级以上地方人民政府计量行政部门根据本地区的需要,建立社会公用计量标准器具,经上级人民政府计量行政部门主持考核合格后使用。

4.《计量法》第 7 条规定:国务院有关主管部门和省、自治区、直辖市人民政府有关主管部门,根据本部门的特殊需要,可以建立本部门使用的计量标准器具,其各项最高计量标准器具经同级人民政府计量行政部门主持考核合格后使用。

(1)本条是对省级以上人民政府有关主管部门建立计量标准以及这些计量标准法律地位的规定。

(2)省级以上人民政府有关主管部门根据本部门的特殊需要建立的计量标准,在本部门内部使用,作为统一本部门量值的依据。

(3)“根据本部门的特殊需要”,是指社会公用计量标准不能适应某部门专业特点的特殊需要。

(4)建立本部门的各项最高计量标准,须经同级人民政府计量行政部门主持考核合格后,才能在本部门内开展检定。“主持考核”是指同级人民政府计量行政部门负责组织法定计量检定机构或授权的有关技术机构进行的考核。

考点五:强制检定、强制检定范围以及强制检定的计量器具

1.《计量法》第 9 条规定:县级以上人民政府计量行政部门对社会公用计量标准器具,部门和企业、事业单位使用的最高计量标准器具,以及用于贸易结算、安全防护、医疗卫生、环境监测方面的列入强制检定目录的工作计量器具,实行强制检定。未按照规定申请检定或者检定不合格的,不得使用。实行强制检定的工作计量器具的目录和管理办法,由国务院制定。

对前款规定以外的其他计量标准器具和工作计量器具,使用单位应当自行定期检定或者送其他计量检定机构检定。

(1)本条是对强制检定的计量器具和非强制检定的计量器具检定管理的规定。

(2)社会公用计量标准,部门和企业、事业单位使用的最高计量标准,为强制检定的计量标准。强制检定的计量标准和强制检定的工作计量器具,统称为强制检定的计量器具。

(3)强制检定是指由县级以上人民政府计量行政部门指定的法定计量检定机构或授权的计量检定机构,对强制检定的计量器具实行的定点定期检定。检定周期由执行强制检定的计量检定机构根据计量检定规程,结合实际使用情况确定。

(4)本条关于县级以上人民政府计量行政部门对强制检定的计量器具实行强制检定的规

定,在具体应用时,是指对强制检定的计量标准,由主持考核该项计量标准的有关人民政府计量行政部门指定的计量检定机构进行检定;对强制检定的工作计量器具,由当地县(市)级人民政府计量行政部门指定的计量检定机构进行检定。当地不能检定的,由上一级人民政府计量行政部门指定的计量检定机构进行检定。

(5)略。

(6)非强制检定是指由使用单位自己依法进行的定期检定,或者本单位不能检定的,送有权对社会开展量值传递工作的其他计量检定机构进行的检定。

(7)强制检定与非强制检定,是对计量器具依法管理的两种形式。不按本条规定进行周期检定的,都要负法律责任。

(8)略。

2.《计量法实施细则》第12条规定:企业、事业单位应当配备与生产、科研、经营管理相适应的计量检测设施制定具体的检定管理措施和规章制度,规定本单位管理的计量器具明细目录及相应的检定周期,保证使用的非强制检定的计量器具定期检定。

3.《计量法实施细则》第22条规定:任何单位和个人不准在工作岗位上使用无检定合格印、证或者超过检定周期或者经检定不合格的计量器具。在教学示范中使用计量器具不受此限。

4.《计量法实施细则》第43条规定:属于强制检定范围的计量器具,未按照规定申请检定和属于非强制检定范围的计量器具未自行定期检定或者送其他计量检定机构定期检定的,以及经检定不合格继续使用的,责令其停止使用,可并处1000元以下的罚款。

考点六:计量检定系统

1.《计量法》第10条规定:计量检定必须按照国家计量检定系统表进行。国家计量检定系统表由国务院计量行政部门制定。

2.计量检定必须执行计量检定规程。国家计量检定规程由国务院计量行政部门制定。没有国家计量检定规程的,由国务院有关主管部门和省、自治区、直辖市人民政府计量行政部门分别制定部门计量检定规程和地方计量检定规程。

3.国家计量检定系统表由文字和框图构成,简称计量检定系统。

考点七:计量检定工作的原则

《计量法》第11条规定:计量检定工作应当按照经济合理的原则,就地就近进行。

(1)本条是对实施强制检定和非强制检定所应遵循的原则的规定,也就是对全国量值传递体制的规定。

(2)"经济合理"是指进行计量检定,组织量值传递要充分利用现有的计量检定设施,合理地部署计量检定网点。

(3)就地就近进行计量检定,是指组织量值传递不受行政区划和部门管辖的限制。

考点八:计量活动的监督管理

1.《计量法》第18条规定:县级以上人民政府计量行政部门应当依法对制造、修理、销售、进口和使用计量器具,以及计量检定等相关计量活动进行监督检查。有关单位和个人不得拒绝、阻挠。

2.《计量法实施细则》第20条规定:县级以上地方人民政府计量行政部门对当地销售的计量器具实施监督检查。凡没有产品合格印、证标志的计量器具不得销售。

3.《计量法实施细则》第24条规定:县级以上人民政府计量行政部门的计量管理人员,负责执行计量监督、管理任务;计量监督员负责在规定的区域、场所巡回检查,并可根据不同情况在规定的权限内对违反计量法律、法规的行为,进行现场处理,执行行政处罚。

计量监督员必须经考核合格后,由县级以上人民政府计量行政部门任命并颁发监督员证件。

4.《计量法》第20条规定:县级以上人民政府计量行政部门可以根据需要设置计量检定机构,或者授权其他单位的计量检定机构,执行强制检定和其他检定、测试任务。

执行前款规定的检定、测试任务的人员,必须经考核合格。

(1)本条是对县级以上人民政府计量行政部门实施计量法制监督所需要的计量检定机构和计量检定人员的规定。

(2)县级以上人民政府计量行政部门依法设置的计量检定机构,为国家法定计量检定机构。

(3)"计量检定机构"是指承担计量检定工作的有关技术机构。

(4)(5)略。

(6)执行强制检定和本条解释的第4项"其他检定、测试任务"的人员,必须经县级以上人民政府计量行政部门考核合格,发给计量检定证件,取得执行检定、测试任务的资格。

考点九:计量纠纷及仲裁检定

1.《计量法》第21条规定:处理因计量器具准确度所引起的纠纷,以国家计量基准器具或者社会公用计量标准器具检定的数据为准。

2.以计量基准或社会公用计量标准检定的数据作为处理计量纠纷的依据,具有法律效力。

3.用计量基准或社会公用计量标准所进行的以裁决为目的的计量检定、测试活动,统称为仲裁检定。

考点十:计量认证

1.《计量法》第22条规定:为社会提供公证数据的产品质量检验机构,必须经省级以上人民政府计量行政部门对其计量检定、测试的能力和可靠性考核合格。

(1)本条是对为社会提供公证数据的产品质量检验机构,实施计量法制监督的规定。

(2)省级以上人民政府计量行政部门对产品质量检验机构计量检定、测试的能力和可靠性考核合格,即为产品质量检验机构的计量认证。

2.计量法及其实施细则规定,凡是为社会提供公正数据的产品质量检验机构必须经省级以上人民政府计量行政部门计量认证。

计量认证的内容包含:计量检定测试设备的性能;计量检定、测试设备的工作环境和人员的操作技能;保证量值统一、准确的措施及检测数据公正可靠的管理制度。

3.《计量法》中所说的“公正数据”是指向社会从事检测工作的技术机构为他人作决定、仲裁、裁决所出具的可引起一定法律后果的数据，除了具有真实性和科学性外，还具有合法性；为了保证数据的可靠，量值必须溯源到国家计量基准，以保证国家单位量值的统一；同时规定，计量认证在省级以上的计量行政部门考核合格，才有资格为社会提供公正数据，未取得计量认证合格证书的产品质量检验机构，不得开展产品质量检验工作。

4. 第三方检验机构的可信任程度取决于是否独立于制造、销售或至少独立研究、开发，真正处于公正地位；是否具有评价产品质量优劣所需要的技术手段；出具的检定、测试数据是否得到社会的承认。

考点十一：周期检定

《计量法实施细则》第 11 条规定：使用实行强制检定的计量标准的单位和个人，应当向主持考核该项计量标准的有关人民政府计量行政部门申请周期检定。

使用实行强制检定的工作计量器具的单位和个人，应当向当地县（市）级人民政府计量部门指定的计量检定机构申请周期检定。当地不能检定的，向上一级人民政府计量行政部门指定的计量检定机构申请周期检定。

考点十二：计量器具的相关罚则

1.《计量法实施细则》第 15 条规定：凡制造在全国范围内从未生产过的计量器具新产品经过定型鉴定。定型鉴定合格后，应当履行型式批准手续颁发证书。在全国范围内已经定型，而本单位未生产过的计量器具新产品，应当进行样机试验，样机试验合格后，发给合格证书。凡未经型式批准或者未取得样机试验合格证书的计量器具，不准生产。

2.《计量法》第 25 条规定：属于强制检定范围的计量器具，未按照规定申请检定或者检定不合格继续使用的，责令停止使用，可以并处罚款。

3.《计量法》第 26 条规定：使用不合格的计量器具或者破坏计量器具准确度，给国家和消费者造成损失的，责令赔偿损失，没收计量器具和违法所得，可以并处罚款。

（1）本条规定的行政处罚适用于任何单位和个人。

（2）“使用不合格的计量器具”，是指使用无检定合格印、证，或者超过检定周期，以及经检定不合格的计量器具。

4. 为了保证数据的可靠，量值必须溯源到国家计量基准，以保证国家单位量值的统一。

第二节　标准化法

考点一：标准的定义、标准样品的特点

1. 标准（含标准样品）：是指农业、工业、服务业以及社会事业等领域需要统一的技术要求。

2. 强制性标准必须执行，国家鼓励采用推荐性标准。

3. 标准样品：是实物标准，指保证标准在不同时间和空间实施结果一致性的参照物，具有均匀性、稳定性、准确性和溯源性。标准样品是实施文字标准的重要技术基础，是标准化工作中不可或缺的组成部分。

4. 标准化：是指为了在既定范围内获得最佳秩序，促进共同效益，对现实问题或潜在问题确立共同使用和重复使用的条款以及编制、发布和应用文件的活动。

标准是标准化活动的结果。标准具有民主性、权威性、系统性、科学性。

考点二：标准的分类及制定主体

我国标准按制定主体分为国家标准、行业标准、地方标准和团体标准、企业标准(图 2-1)。国家标准、行业标准和地方标准属于政府主导制定的标准，团体标准、企业标准属于市场主体自主制定的标准(表 2-1)。

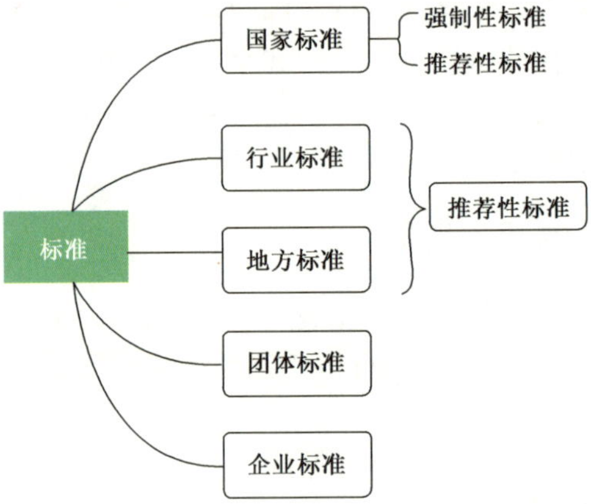

图 2-1　标准分类图

标准类型及制定部门　　表 2-1

标准	制定部门
国家标准	国务院标准化行政主管部门
行业标准	国务院有关行政主管部门
地方标准	省、自治区、直辖市以及设区的市人民政府标准化行政主管部门
团体标准	学会、协会、商会、联合会、产业技术联盟等社会团体制定
企业标准	企业或企业联合制定

考点三：标准的特性及国家强制性标准制定、发布和范围

1.《标准化法》第 4 条规定：制定标准应当在科学技术研究成果和社会实践经验的基础上，深入调查论证，广泛征求意见，保证标准的科学性、规范性、时效性，提高标准质量。

2. 标准是标准化活动的结果。

标准有四个特性：民主性、系统性、科学性、权威性。

3.《标准化法》第 10 条规定：对保障人身健康和生命财产安全、国家安全、生态环境安全以及满足经济社会管理基本需要的技术要求，应当制定强制性国家标准。

4. 强制性国家标准由国务院批准发布或者授权批准发布。

5. 强制性国家标准严格限定在保障人身健康和生命财产安全、国家安全、生态环境安全和满足社会经济管理基本需求的范围之内。

6. 国务院有关行政部门依据职责负责强制性国家标准的项目提出、组织起草、征求意见和技术审查。国务院标准化行政主管部门负责强制性国家标准的立项、编号和对外通报。

7. 强制性国家标准由国务院标准化行政主管部门同意通过我国的 WTO 通报点进行对外通报。

8.《标准化法》第 11 条:对满足基础通用、与强制性国家标准配套、对各有关行业起引领作用等需要的技术要求,可以指定推荐性国家标准。

推荐性国家标准由国务院标准化行政主管部门制定,即立项、组织起草、审查、编号、批准发布等。

9. 国务院有关行政主管部门负责行业标准的立项、组织起草、审查编号、批准发布等工作。需要说明的是,不是所有的国务院部门都可以制定行业标准。

由制定标准的部门报国务院标准化行政主管部门备案。行业标准的制定部门应当在行业标准批准发布后三十日内,将已发布的行业标准及编制说明连同发布文件各一份,送国务院标准化行政主管部门备案。

10.《标准化法》第 13 条:为满足地方自然条件、风俗习惯等特殊技术要求,可以制定地方标准。

31 个省、自治区、直辖市标准化行政主管部门均可以制定地方标准。但设区的市级人民政府标准化行政主管部门的地方标准制定权须经省、自治区、直辖市人民政府标准化行政主管部门“批准”后才能获得。截至目前,我国共有 318 个设区的市,经批准可以制定地方标准。地方标准的制定包括地方标准的立项、组织起草、审查、编号、批准发布等工作。

11.《标准化法》第 24 条:标准应当按照编号规则进行编号。标准的编号规则由国务院标准化行政主管部门制定并公布。

12.《标准化法》第 27 条:国家实行团体标准、企业标准自我声明公开和监督制度。企业应当公开其执行的强制性标准、推荐性标准、团体标准或者企业标准的编号和名称;企业执行自行制定的企业标准的,还应当公开产品、服务的功能指标和产品的性能指标。国家鼓励团体标准、企业标准通过标准信息公共服务平台向社会公开。

13.《标准化法》第 29 条:国家建立强制性标准实施情况统计分析报告制度。标准的复审周期一般不超过 5 年。

标准复审是指对标准的技术内容是否适应经济社会发展需要所进行的重新审查。标准复审的结论分为继续有效、修订和废止。

考点四:推荐性标准的范围及效力转化条件

1.《标准化法》第 12 条规定:对没有推荐性国家标准、需要在全国某个行业范围内统一的技术要求,可以制定行业标准。

2. 行业标准由国务院有关行政主管部门制定,报国务院标准化行政主管部门备案。

3. 有国标、行标或地标,鼓励制定更严格的企业标准,在企业内部适用。

4. 推荐性标准的效力转化,必须执行:

(1)推荐性标准被相关法律法规规章引用则该推荐性标准具有相应的强制约束力,应当按法律、法规、规章的相关规定予以实施。

(2)推荐性标准被企业在产品包装、说明书或者标准信息公共服务平台上进行了自我声明公开的,企业必须执行该推荐性标准。企业生产的产品与明示标准不一致的,依据《产品质量法》承担相应的法律责任。

(3)推荐性标准被合同双方作为产品或服务交付的质量依据的,该推荐性标准对合同双方具有约束力,双方必须执行该推荐性标准,并依据《合同法》的规定承担法律责任。

考点五:强制性标准和推荐性标准的效力

1.《标准化法》第 17 条规定:强制性标准文本应当免费向社会公开。国家推动免费向社会公开推荐性标准文本。

2.《标准化法》第 18 条规定:国家鼓励学会、协会、商会、联合会、产业技术联盟等社会团体企业协调相关市场主体共同制定满足市场和创新需要的团体标准,由本团体成员约定采用或者按照本团体的规定供社会自愿采用。

考点六:标准的监管管理

1.《标准化法》第 3 条规定:标准化工作的任务是制定标准、组织实施标准以及对标准的制定、实施进行监督。

县级以上人民政府应当将标准化工作纳入本级国民经济和社会发展规划,将标准化工作经费纳入财政预算。

2.《标准化法》第 32 条规定:县级以上人民政府标准化行政主管部门、有关行政主管部门依据法定职责,对标准的制定进行指导和监督,对标准的实施进行监督检查。

3.《标准化法》第 33 条规定:国务院有关行政主管部门在标准制定、实施过程中出现争议的,由国务院标准化行政主管部门组织协商;协商不成的,由国务院标准化协调机制解决。

4.《标准化法》第 42 条规定:社会团体、企业未依照本法规定对团体标准或者企业标准进行编号的,由标准化行政主管部门责令限期改正;逾期不改的,由省级以上人民政府标准化行政主管部门撤销相关标准编号,并在标准信息公共服务平台上公示。

考点七:《交通运输行业标准管理办法》解读(2025 年考试大纲新增)

总则部分:规定行业标准技术要求不得低于强制性国家标准,规定了制定行业标准的程序和组织管理机构责任分工。

立项部分:要求行业标准计划项目完成周期一般不超 18 个月。

组织编制部分:行业标准一般不涉及专利,如确需涉及,按有关规定执行。

审批发布部分:建立和完善标准化信息系统,强化信息公开和社会监督。

实施与监督部分:明确行业标准发布与实施之间留出合理过渡期;过渡期内新旧标准皆可,新标准实施后,原标准同时废止。

第三节　产品质量法

考点一:《产品质量法》中产品质量及用户的定义

1.《产品质量法》由总则、产品质量的监督、生产者的产品质量责任和义务、销售者的产品质量责任和义务、损害赔偿、罚则、附则组成。

2. 本法所称“产品质量”,是指产品满足需要的适用性、安全性、可用性、可靠性、维修性经济性和环境等所具有的特征和特性的总和。

3. 本法所称“用户”,是指将产品用于社会集团消费和生产消费的企业、事业单位,社会组织等。

考点二:《产品质量法》的适用范围

在中华人民共和国境内从事产品生产、销售活动,必须遵守产品质量法。

交通建设工程所建设的公路、桥梁、隧道、码头等永久性设施,不适用产品质量法;但建设过程中所用到的建筑材料、建筑构配件和设备适用产品质量法。

考点三:对产品质量、产品质量检验、认证机构的监管

1. 产品质量的监督管理规定。

(1)产品质量的监督的部门及范围(表 2-2)。

产品质量的监督的部门及范围　　表 2-2

范围	部门
全国	国务院市场监督管理部门
各自的职责范围内	国务院有关部门
本行政区域内	县级以上地方市场监督管理部门

(2)第 12 条规定:产品质量应当检验合格,不得以不合格产品冒充合格产品。

(3)第 19 条规定:产品质量检验机构必须具备相应的检测条件和能力,经省级以上人民政府产品质量监督管理部门或者其授权的部门考核合格后,方可承担产品质量的检验工作。法律、行政法规对产品质量检验机构另有规定的,依照有关的法律、行政法规的规定执行。

2. 第 21 条规定:产品质量检验机构、认证机构,必须依法按照有关标准,客观、公正地出具检验结果或认证证明。

产品质量认证机构应当依照国家规定对准许使用认证标志的产品进行认证后的跟踪检查;对不符合认证标准而使用认证标志的,要求其改正;情节严重的,取消其使用认证标志的资格。

3. 第 25 条规定:产品质量监督部门或者其他国家机关以及产品质量检验机构不得向社会推荐生产者的产品;不得以对产品进行监制、监销等方式参与产品经营活动。

考点四:对产品的要求及损害赔偿

1. 生产者应当对其生产的产品质量负责。合格产品的要求:

(1)不得存在危及人身安全、财产安全的不合理的危险;

(2)应当具备应有的使用性能;

(3)应当符合明示的质量状况。

2. 第43条规定:因产品存在缺陷造成人身、他人财产损害的,受害人可以向产品的生产者要求赔偿,也可以向产品的销售者要求赔偿。属于产品的生产者的责任,产品的销售者赔偿的,产品的销售者有权向产品的生产者追偿。属于产品的销售者的责任,产品的生产者赔偿的,产品的生产者有权向产品的销售者追偿。

考点五:对生产、销售质量不合格产品的相关罚则

1. 第49条规定:生产、销售不符合保障人体健康和人身、财产安全的国家标准、行业标准的产品的,责令停止生产、销售,没收违法生产、销售的产品,并处违法生产、销售产品(包括已售出和未售出的产品,下同)货值金额等值以上三倍以下的罚款;有违法所得的,并处没收违法所得;情节严重的,吊销营业执照;构成犯罪的,依法追究刑事责任。

2. 第51条规定:生产国家明令淘汰的产品的,销售国家明令淘汰并停止销售的产品的,责令停止生产、销售,没收违法生产、销售的产品,并处违法生产、销售产品货值金额等值以下的罚款;有违法所得的,并处没收违法所得;情节严重的,吊销营业执照。

3. 第57条规定:产品质量检验机构、认证机构伪造检验结果或者出具虚假证明,责令改正,对单位处五万以上十万元以下的罚款;对直接负责的主管人员和其他责任人员处一万元以上五万元以下的罚款;有违法所得的,并没收违法所得,情节严重的,取消其检验资格、认证资格;构成犯罪的,依法追究刑事责任。

第四节　公路水路行业产品质量监督抽查管理办法

考点一:背景和思路

强调企业质量主体责任。产品生产企业、工程建设单位和经销单位是产品质量责任主体。

在具体操作上注重完善“五个环节”。《公路水路行业产品质量监督抽查管理办法》重点对抽样、储存运输、检验、复检、复查五个技术环节作出详细规定,进一步提升监督抽查工作的科学性和公正性。

考点二:适用范围及原则

第2条　本办法所称公路水路行业产品,是指进入公路水路建设、养护和运输市场并列入行业重点监督管理产品目录的产品。

第3条　监督抽查应当遵循科学、公正的原则。

考点三:检验资质要求及选择方式

第 8 条　交通运输部委托具有法定资质的检验机构承担抽样检验相关工作。

交通运输部建立监督抽查检验机构信息库,采用随机抽取的方式选择委托的检验机构。

第 11 条　抽样人员在抽样前,应当向被抽查企业出示交通运输部出具的公路水路行业产品质量监督抽查通知、有关监督抽查文件或者其复印件和有效身份证件,告知被抽查企业监督抽查的性质、抽样方法、检验依据和判定规则等相关内容。

第 12 条　监督抽查的样品应当由抽样人员在市场上或者企业成品仓库内待销的产品中随机抽取,不得由企业抽样或者送样。

考点四:不得抽样及可拒绝抽样情况

第 13 条　有下列情况之一的,不得抽样:

(1)产品未经生产企业检验合格;

(2)有充分证据证明拟抽查的产品用于出口,并且出口合同对产品质量另有规定;

(3)产品或者标签、包装、说明书标上有“试制”“处理 M 样品”等字样;

(4)产品抽样基数不符合监督抽查要求。

第 14 条　有下列情况之一的,被抽查企业可以拒绝接受抽查:

(1)抽样人员少于 2 名;

(2)抽样人员无法出具监督抽查通知书、有关监督抽查文件或者其复印件和有效身份证件;

(3)抽样人员姓名、被抽查企业或者产品名称与监督抽查通知书不符;

(4)抽样人员要求企业支付检验费或者其他费用。

考点五:工程抽样的签字确认

第 17 条　在工程现场抽样时,抽样文书应当由检验机构、省级交通运输主管部门、工程建设单位、监理单位、施工单位、被抽查生产企业或者销售企业的有关人员共同签字确认。

抽样文书一式七份,签字方各执一份,其余一份附于被抽查的样品包装中。

考点六:检验及报告

第 22 条　检验机构应当按照实施规范或者实施细则开展检验工作,不得分包检验任务或者委托他人检验。

第 27 条　检验机构应当出具抽样检验报告。检验报告应当内容齐全、信息真实、数据准确、结论明确。

考点七:结果异议、复检及整改

第 29 条　被抽查企业对检验结果有异议的,可以自收到检验结果之日起 15 日内向交通运输部提出书面复检申请。

第 30 条　接到复检申请后,交通运输部应当委托具有法定资质的检验机构按照原方案进行复检,并于检验工作完成后5日内作出书面答复。复检结论为最终结论。

第33条　监督抽查结果不合格产品的生产企业应当自收到检验结果通知之日起进行整改,并于90日内完成整改工作,向交通运输部提交整改报告和复查申请,接受复查检验。

考点八:《公路水路行业产品质量监督抽查实施规范管理办法》解读(2025年考试大纲新增)

1. 技术审查一般采用会议审查形式,参与审查专家不少于8人,原则上应协商一致,如需表决,必须有不少于3/4专家同意方可通过。规范发布实施后,适时组织复审,复审可采用会审或函审形式,原则上复审周期不超过5年,复审结论包括继续有效、修订或废止。

2. 本办法自2022年1月1日起施行。

第五节　建设工程质量管理条例

考点一:《建设工程质量管理条例》适用范围和从事原则

1.《建设工程质量管理条例》(中华人民共和国国务院令第279号)规定,从事建设工程的新建、扩建、改建等有关活动及实施对建设工程质量监督管理的,必须遵守本条例。中华人民共和国国务院令2017年第687号对《建设工程质量管理条例》施工图设计文件审查的内容进行了修改。该条例由总则,建设单位的质量责任和义务,勘察、设计单位的质量责任和义务,施工单位的质量责任和义务,工程监理单位的质量责任和义务,建设工程质量保修,监督管理,罚则,附则组成。

2. 建设工程质量管理条例的适用范围。

(1)第2条规定:凡在中华人民共和国境内所有从事建设工程的新建、扩建、改建等有关活动及实施对建设工程质量监督管理的,必须遵守本条例。

本条例所称建设工程,是指土木工程、建筑工程、线路管道、设施安装、装修工程。交通工程属于土木工程范畴。

(2)第5条规定:从事建设工程活动,必须严格执行基本建设程序,坚持先勘察、后设计、再施工的原则。

考点二:建设单位的质量责任

1. 第10条规定:建设工程发包单位不得迫使承包方以低于成本的价格竞标,不得任意压缩合理工期。

建设单位不得明示或者暗示设计单位或者施工单位违反工程建设强制性标准,降低建设工程质量。

2. 第13条规定:建设单位在领取施工许可证或者开工报告前,应当按照国家有关规定办理工程质量监督手续。

考点三:竣工验收的条件

第16条规定:建设单位收到建设工程竣工报告后,应当组织设计、施工、工程监理等有关单位进行竣工验收。

建设工程竣工验收应当具备下列条件:

(1)完成建设工程设计和合同约定的各项内容;

(2)有完整的技术档案和施工管理资料;

(3)有工程使用的主要建筑材料、建筑构配件和设备的进场试验报告;

(4)有勘察、设计、施工、工程监理等单位分别签署的质量合格文件;

(5)有施工单位签署的工程保修书。

建设工程经验收合格的,方可交付使用。

考点四:施工单位的质量责任和义务的规定

1. 第29条规定:施工单位必须按照工程设计要求、施工技术标准和合同约定,对建筑材料、建筑构配件、设备和商品混凝土进行检验,检验应当有书面记录和专人签字;未经检验或者检验不合格的,不得使用。

2. 第30条规定:施工单位必须建立、健全施工质量的检验制度,严格工序管理,做好隐蔽工程的质量检查和记录。隐蔽工程在隐蔽前,施工单位应当通知建设单位和建设工程质量监督机构。

3. 第31条规定:施工人员对涉及结构安全的试块、试件以及有关材料,应当在建设单位或者工程监理单位监督下现场取样,并送具有相应资质等级的质量检测单位进行检测。

4. 第32条规定:施工单位对施工中出现质量问题的建设工程或者竣工验收不合格的建设工程,应当负责返修。

5. 第33条规定:施工单位应当建立、健全教育培训制度,加强对职工的教育培训;未经教育培训或者考核不合格的人员,不得上岗作业。

考点五:监理单位的监理形式

第38条规定:监理工程师应当按照工程监理规范的要求,采取旁站、巡视和平行检验等形式,对建设工程实施监理。

考点六:监督管理

第43条规定:国家实行建设工程质量监督管理制度。

国务院建设行政主管部门对全国的建设工程质量实施统一监督管理。国务院铁路、交通、水利等有关部门按照国务院规定的职责分工,负责对全国的有关专业建设工程质量的监督管理。

县级以上地方人民政府建设行政主管部门对本行政区域内的建设工程质量实施监督管理。县级以上地方人民政府交通、水利等有关部门在各自的职责范围内,负责对本行政区域内的专业建设工程质量的监督管理。

第六节 公路水运工程质量监督管理规定

考点一:质量管理责任的落实

建设单位对工程质量负管理责任;勘察,设计单位对勘察、设计质量负责;施工单位对工程施工质量负责;监理单位对施工质量负监理责任。

该规定还要求勘察、设计、施工单位对各自承担的工程质量负总责,分包单位对分包合同范围内的工程质量负责;材料和设备的供应单位应当按照有关规定和合同约定对其产品或者服务质量负责。

考点二:公路水运工程质量监督管理

质量监管部门应当自建设单位办理完成施工许可或者开工备案手续之日起,至工程竣工验收完成之日止,依法开展公路水运工程建设的质量监督管理工作。工程竣工验收完成后,建设期间的质量监督管理工作任务结束,即进入运营维护期,由运营部门对运维阶段的质量负责。

考点三:完善工程质量评价机制,提升工程质量水平

一是理顺交工验收工作。交工验收工作由建设单位负责。交工验收相关责任方及出具文件类型如表 2-3 所示。

交工验收相关责任方及出具文件类型 表 2-3

相关责任方	出具文件
建设单位	交工验收质量检测报告
设计单位	工程设计符合性评价意见
监理单位	工程质量评定(评估)报告
质监机构	工程交工核验意见

二是推行工程质量综合评价。竣工验收由交通运输主管部门负责。通过工程建设、设计,施工和监理各方责任主体的自评,相关方的互评以及通过工程质量用户满意度调查评价,形成对建设项目工程质量水平的综合评价。

第七节 农村公路建设质量管理办法

考点一:修订思路和内容

思路:进一步落实农村公路参建各方质量责任,创新质量管理措施,提升农村公路质量耐

久性，建成质量耐久、工程耐用、安全可靠的农村公路。

修订内容：《农村公路建设质量管理办法》进一步明确了项目业主、勘察、设计、施工、监理、试验检测等单位的质量责任。

强化农村公路质量关键环节管控。明确重点把控“八大关”。一是设计关、二是材料检验关、三是施工首件关、四是质量公示关、五是过程把控关、六是工程验收关、七是质量考核关、八是信用评价关。

考点二：适用范围及工作原则

第2条　本办法所称农村公路是指纳入农村公路规划，并按照公路工程技术标准修建的县道、乡道、村道及其附属设施。

第3条　农村公路建设质量管理应当坚持政府主导、企业主责、社会参与、有效监督的工作原则。

考点三：质量管理及责任制度

第5条　县级人民政府是本行政区域内农村公路建设质量管理的责任主体。

第6条　农村公路建设工程实行质量责任终身制。项目业主、勘察、设计、施工、监理、试验检测等单位应当明确相应的项目负责人和质量负责人。

考点四：质量责任

第10条　农村公路建设项目实行项目业主责任制。项目业主对农村公路工程质量管理负总责，落实专人负责质量管理。

第11条　农村公路建设项目实行合同管理制。项目业主应当与勘察、设计、施工、监理等从业单位签订合同。

第13条　施工单位对农村公路施工质量负主体责任。

第16条　农村公路建设项目交竣工检测工作应当由具有相应能力等级并通过计量认证的检测机构承担。

考点五：质量监管

第22条　农村公路建设质量监督检查可采用巡视检查、突击检查、专项督查和双随机等方式，重点加强从业单位执行质量法律法规规章和工程强制性标准情况、从业单位关键人及关键设备到位情况、影响工程安全耐久的关键部位和关键指标、试验检测工作、工程档案管理等抽检抽查。

第24条　鼓励聘请技术专家、组织当地群众代表参与农村公路建设质量监督和项目验收。

考点六：质控及验收

第29条　重要农村公路建设项目主体工程实行首件工程制。

第32条　重要农村公路建设项目应当按照《公路工程竣（交）工验收办法》《公路工程质

量检验评定标准》开展验收,一般农村公路建设项目可按照省级交通运输主管部门规定的简化程序开展验收。

第八节　安全生产法

考点一:总体方针和三个必须原则

总体方针:坚持人民至上、生命至上,把人民生命安全摆在首位。坚持安全第一、预防为主、综合治理。明确“三个必须”原则:管行业必须管安全、管业务必须管安全、管生产经营必须管安全。

考点二:安全责任人和工会监督

第 5 条　生产经营单位的主要负责人是本单位安全生产第一责任人,对本单位的安全生产工作全面负责。

第 7 条　工会依法对安全生产工作进行监督。生产经营单位的工会依法组织职工参加本单位安全生产工作的民主管理和民主监督。

第 16 条　国家实行生产安全事故责任追究制度。

考点三:安全机构和人员配置

第 24 条　矿山、金属冶炼、建筑施工、运输单位和危险物品的生产、经营、储存、装卸单位,应当设置安全生产管理机构或者配备专职安全生产管理人员。

前款规定以外的其他生产经营单位,从业人员超过一百人的,应当设置安全生产管理机构或者配备专职安全生产管理人员;从业人员在一百人以下的,应当配备专职或者兼职的安全生产管理人员。

考点四:安全生产管理机构以及安全生产管理人员的职责(对比记忆主要负责人的安全职责)

(1)组织或者参与拟订本单位安全生产规章制度、操作规程和生产安全事故应急救援预案;

(2)组织或者参与本单位安全生产教育和培训,如实记录安全生产教育和培训情况;

(3)组织开展危险源辨识和评估,督促落实本单位重大危险源的安全管理措施;

(4)组织或者参与本单位应急救援演练;

(5)检查本单位的安全生产状况,及时排查生产安全事故隐患,提出改进安全生产管理的建议;

(6)制止和纠正违章指挥、强令冒险作业、违反操作规程的行为;

(7)督促落实本单位安全生产整改措施。

考点五:安全生产保障措施

第 35 条　生产经营单位应当在有较大危险因素的生产经营场所和有关设施、设备上,设置明显的安全警示标志。

第 36 条　安全设备的设计、制造、安装、使用、检测、维修、改造和报废,应当符合国家标准或者行业标准。

第 40 条　生产经营单位对重大危险源应当登记建档,进行定期检测、评估、监控,并制定应急预案。

第 41 条　生产经营单位应当建立安全风险分级管控制度,按照安全风险分级采取相应的管控措施。

考点六:从业人员的安全生产权利义务

第 54 条　从业人员有权对本单位安全生产工作中存在的问题提出批评、检举、控告;有权拒绝违章指挥和强令冒险作业。

第 55 条　从业人员发现直接危及人身安全的紧急情况时,有权停止作业或者在采取可能的应急措施后撤离作业场所。

第 59 条　从业人员发现事故隐患或者其他不安全因素,应当立即向现场安全生产管理人员或者本单位负责人报告;接到报告的人员应当及时予以处理。

第 60 条　工会有权对建设项目的安全设施与主体工程同时设计、同时施工、同时投入生产和使用进行监督,提出意见。

考点七:安全监督管理

第 67 条　安全生产监督检查人员执行监督检查任务时,必须出示有效的行政执法证件;对涉及被检查单位的技术秘密和业务秘密,应当为其保密。

第 70 条　负有安全生产监督管理职责的部门依法对存在重大事故隐患的生产经营单位作出停产停业、停止施工、停止使用相关设施或者设备的决定。

第 72 条　承担安全评价、认证、检测、检验职责的机构应当具备国家规定的资质条件,并对其作出的安全评价、认证、检测、检验结果的合法性、真实性负责。

承担安全评价、认证、检测、检验职责的机构应当建立并实施服务公开和报告公开制度,不得租借资质、挂靠、出具虚假报告。

第 74 条　任何单位或者个人对事故隐患或者安全生产违法行为,均有权向负有安全生产监督管理职责的部门报告或者举报。

考点八:应急救援与调查处理

第 81 条　生产经营单位应当制定本单位生产安全事故应急救援预案,与所在地县级以上地方人民政府组织制定的生产安全事故应急救援预案相衔接,并定期组织演练。

第 83 条　生产经营单位发生生产安全事故后,事故现场有关人员应当立即报告本单位负责人。

考点九:法律责任

第 94 条　生产经营单位的主要负责人未履行本法规定的安全生产管理职责的,责令限期改正,处二万元以上五万元以下的罚款;逾期未改正的,处五万元以上十万元以下的罚款,责令生产经营单位停产停业整顿。

生产经营单位的主要负责人有前款违法行为,导致发生生产安全事故的,给予撤职处分;构成犯罪的,依照刑法有关规定追究刑事责任。

主要负责人依照前款规定受刑事处罚或者撤职处分的,自刑罚执行完毕或者受处分之日起,五年内不得担任任何生产经营单位的主要负责人;对重大、特别重大生产安全事故负有责任的,终身不得担任本行业生产经营单位的主要负责人。

第 114 条　发生生产安全事故,对负有责任的生产经营单位除要求其依法承担相应的赔偿等责任外,由应急管理部门依照下列规定处以罚款:

(1)发生一般事故的,处三十万元以上一百万元以下的罚款;

(2)发生较大事故的,处一百万元以上二百万元以下的罚款;

(3)发生重大事故的,处二百万元以上一千万元以下的罚款;

(4)发生特别重大事故的,处一千万元以上二千万元以下的罚款。

发生生产安全事故,情节特别严重、影响特别恶劣的,应急管理部门可以按照前款罚款数额的二倍以上五倍以下对负有责任的生产经营单位处以罚款。

第 118 条　本法规定的生产安全一般事故、较大事故、重大事故、特别重大事故的划分标准由国务院规定。

第九节　建设工程安全生产管理条例

考点一:适用范围和方针

第 2 条　在中华人民共和国境内从事建设工程的新建、扩建、改建和拆除等有关活动及实施对建设工程安全生产的监督管理,必须遵守本条例。

本条例所称建设工程,是指土木工程、建筑工程、线路管道、设施安装工程及装修工程。交通工程属于土木工程。

第 3 条　建设工程安全生产管理,坚持安全第一、预防为主的方针。

第 4 条　建设单位、勘察单位、设计单位、施工单位、工程监理单位及其他与建设工程安全生产有关的单位,必须遵守安全生产法律、法规的规定,保证建设工程安全生产,依法承担建设工程安全生产责任。

考点二:责任要求

第 7 条　建设单位不得对勘察、设计、施工、工程监理等单位提出不符合建设工程安全生产法律、法规和强制性标准规定的要求,不得压缩合同约定的工期。

第 11 条　建设单位应当将拆除工程发包给具有相应资质等级的施工单位。

建设单位应当在拆除工程施工 15 日前，将下列资料报送建设工程所在地的县级以上地方人民政府建设行政主管部门或者其他有关部门备案：

(1)施工单位资质等级证明；

(2)拟拆除建筑物、构筑物及可能危及毗邻建筑的说明；

(3)拆除施工组织方案；

(4)堆放、清除废弃物的措施。

考点三：设计及监理责任

第 13 条　采用新结构、新材料、新工艺的建设工程和特殊结构的建设工程，设计单位应当在设计中提出保障施工作业人员安全和预防生产安全事故的措施建议。

设计单位和注册建筑师等注册执业人员应当对其设计负责。

第 14 条　工程监理单位和监理工程师应当按照法律、法规和工程建设强制性标准实施监理，并对建设工程安全生产承担监理责任。

考点四：施工责任及安全要求

第 21 条　施工单位主要负责人依法对本单位的安全生产工作全面负责。施工单位应当建立健全安全生产责任制度和安全生产教育培训制度。

施工单位的项目负责人应当由取得相应执业资格的人员担任，对建设工程项目的安全施工负责。

第 23 条　施工单位应当设立安全生产管理机构，配备专职安全生产管理人员。专职安全生产管理人员负责对安全生产进行现场监督检查。

第 24 条　建设工程实行施工总承包的，由总承包单位对施工现场的安全生产负总责。总承包单位应当自行完成建设工程主体结构的施工。总承包单位和分包单位对分包工程的安全生产承担连带责任。

考点五：功能区设置及作业人员权利

第 29 条　施工单位应当将施工现场的办公、生活区与作业区分开设置，并保持安全距离。

第 32 条　作业人员有权对施工现场的作业条件、作业程序和作业方式中存在的安全问题提出批评、检举和控告，有权拒绝违章指挥和强令冒险作业。

在施工中发生危及人身安全的紧急情况时，作业人员有权立即停止作业或者在采取必要的应急措施后撤离危险区域。

考点六：任职条件和购买保险

第 36 条　施工单位的主要负责人、项目负责人、专职安全生产管理人员应当经建设行政主管部门或者其他有关部门考核合格后方可任职。

第 38 条　施工单位应当为施工现场从事危险作业的人员办理意外伤害保险。意外伤害保险费由施工单位支付。实行施工总承包的，由总承包单位支付意外伤害保险费。

考点七：监督检查措施

第43条　县级以上人民政府负有建设工程安全生产监督管理职责的部门在各自的职责范围内履行安全监督检查职责时，有权采取下列措施：

(1)要求被检查单位提供有关建设工程安全生产的文件和资料；

(2)进入被检查单位施工现场进行检查；

(3)纠正施工中违反安全生产要求的行为；

(4)对检查中发现的安全事故隐患，责令立即排除；重大安全事故隐患排除前或者排除过程中无法保证安全的，责令从危险区域内撤出作业人员或者暂时停止施工。

考点八：施工单位罚则(对比记忆勘察、设计和监理)

第55条　违反本条例的规定，建设单位有下列行为之一的，责令限期改正，处20万元以上50万元以下的罚款。

(1)对勘察、设计、施工、工程监理等单位提出不符合安全生产法律、法规和强制性标准规定的要求的；

(2)要求施工单位压缩合同约定的工期的；

(3)将拆除工程发包给不具有相应资质等级的施工单位的。

考点九：注册执业人员罚则

第58条　注册执业人员未执行法律、法规和工程建设强制性标准的，责令停止执业3个月以上1年以下；情节严重的，吊销执业资格证书，5年内不予注册；造成重大安全事故的，终身不予注册；构成犯罪的，依照刑法有关规定追究刑事责任。

第十节　危险化学品安全管理条例

考点一：适用范围及方针目录

1. 危险化学品生产、储存、使用、经营和运输的安全管理，适用本条例。

2. 危险化学品目录，由国务院安全生产监督管理部门会同国务院工业和信息化、公安、环境保护、卫生、质量监督检验检疫、交通运输、铁路、民用航空、农业主管部门，根据化学品危险特性的鉴别和分类标准确定、公布，并适时调整。危险化学品安全管理主体及职责如表2-4所示。

危险化学品安全管理主体及职责　表2-4

主体	职责
公安机关	危险品购买许可证、道路运输通行证、危险化学品运输车辆的道路交通安全管理
质量监督检验检疫部门	核发危险化学品及其包装物、容器(不包括储存危险化学品的固定式大型储罐)生产企业的工业产品生产许可证，并依法对其产品质量实施监督，负责对进出口危险化学品及其包装实施检验

续上表

主体	职责
环境保护主管部门	废弃危险化学品处置的监督管理,环境危害性鉴定和环境风险程度评估,危险化学品事故现场的应急环境监测
交通运输主管部门	危险化学品道路运输、水路运输的许可以及运输工具的安全管理
卫生主管部门	毒性鉴定、事故受伤人员的医疗卫生救援
工商行政管理部门	核发危险化学品生产、储存、经营、运输企业营业执照,查处危险化学品经营企业违法采购危险化学品的行为
邮政管理部门	负责依法查处寄递危险化学品

3. 危险化学品安全管理,应当坚持安全第一、预防为主、综合治理的方针,强化和落实企业的主体责任。

生产、储存、使用、经营、运输危险化学品的单位的主要负责人对本单位的危险化学品安全管理工作全面负责。

考点二:危险化学品安全监督管理

负有危险化学品安全监督管理职责的部门依法进行监督检查,可以采取下列措施:

(1)进入危险化学品作业场所实施现场检查,向有关单位和人员了解情况,查阅、复制有关文件、资料;

(2)发现危险化学品事故隐患,责令立即消除或者限期消除;

(3)对不符合法律、行政法规、规章规定或者国家标准、行业标准要求的设施、设备、装置、器材、运输工具,责令立即停止使用;

(4)经本部门主要负责人批准,查封违法生产、储存、使用、经营危险化学品的场所,扣押违法生产、储存、使用、经营、运输的危险化学品以及用于违法生产、使用、运输危险化学品的原材料、设备、运输工具;

(5)发现影响危险化学品安全的违法行为,当场予以纠正或者责令限期改正。

负有危险化学品安全监督管理职责的部门依法进行监督检查,监督检查人员不得少于2人,并应当出示执法证件;有关单位和个人对依法进行的监督检查应当予以配合,不得拒绝、阻碍。

考点三:生产、存储安全

1. 新建、改建、扩建生产、储存危险化学品的建设项目,应当由安全生产监督管理部门进行安全条件审查。

2. 生产、储存危险化学品的单位,应当对其铺设的危险化学品管道设置明显标志,并对危险化学品管道定期检查、检测。

3. 危险化学品生产企业进行生产前,应当依照《安全生产许可证条例》的规定,取得危险化学品安全生产许可证。

4. 生产、储存危险化学品的企业,应当委托具备国家规定的资质条件的机构,对本企业的安全生产条件每3年进行一次安全评价,提出安全评价报告。

5. 剧毒化学品以及储存数量构成重大危险源的其他危险化学品,应当在专用仓库内单独存放,并实行双人收发、双人保管制度。

考点四:使用安全

1. 使用危险化学品从事生产并且使用量达到规定数量的化工企业,应当依照本条例的规定取得危险化学品安全使用许可证。

2. 申请危险化学品安全使用许可证的化工企业,除应当符合本条例第二十八条的规定外,还应当具备下列条件:

(1)有与所使用的危险化学品相适应的专业技术人员;

(2)有安全管理机构和专职安全管理人员;

(3)有符合国家规定的危险化学品事故应急预案和必要的应急救援器材、设备;

(4)依法进行了安全评价。

考点五:经营安全

1. 国家对危险化学品经营(包括仓储经营)实行许可制度。未经许可,任何单位和个人不得经营危险化学品。

2. 设区的市级人民政府安全生产监督管理部门和县级人民政府安全生产监督管理部门应当将其颁发危险化学品经营许可证的情况及时向同级环境保护主管部门和公安机关通报。

3. 个人不得购买剧毒化学品(属于剧毒化学品的农药除外)和易制爆危险化学品。禁止向个人销售剧毒化学品(属于剧毒化学品的农药除外)和易制爆危险化学品。

考点六:运输安全

1. 危险化学品道路运输企业、水路运输企业的驾驶人员、船员、装卸管理人员、押运人员、申报人员、集装箱装箱现场检查员应当经交通运输主管部门考核合格,取得从业资格。具体办法由国务院交通运输主管部门制定。

2. 通过道路运输危险化学品的,应当配备押运人员,并保证所运输的危险化学品处于押运人员的监控之下。

3. 船舶载运危险化学品进出内河港口,应当将危险化学品的名称、危险特性、包装以及进出港时间等事项,事先报告海事管理机构。

考点七:危险化学品登记与事故应急救援

1. 危险化学品生产企业、进口企业,应当向国务院安全生产监督管理部门负责危险化学品登记的机构办理危险化学品登记。

2. 发生危险化学品事故,有关地方人民政府及其有关部门应当按照下列规定,采取必要的应急处置措施,减少事故损失,防止事故蔓延、扩大:

(1)立即组织营救和救治受害人员,疏散、撤离或者采取其他措施保护危害区域内的其他人员;

(2)迅速控制危害源,测定危险化学品的性质、事故的危害区域及危害程度;

(3)针对事故对人体、动植物、土壤、水源、大气造成的现实危害和可能产生的危害,迅速采取封闭、隔离、洗消等措施;

(4)对危险化学品事故造成的环境污染和生态破坏状况进行监测、评估,并采取相应的环境污染治理和生态修复措施。

第十一节　行政许可法

考点一:总则

第2条　本法所称行政许可,是指行政机关根据公民、法人或者其他组织的申请,经依法审查,准予其从事特定活动的行为。

第5条　设定和实施行政许可,应当遵循公开、公平、公正、非歧视的原则。

有关行政许可的规定应当公布;未经公布的,不得作为实施行政许可的依据。

第7条　公民、法人或者其他组织对行政机关实施行政许可,享有陈述权、申辩权;有权依法申请行政复议或者提起行政诉讼。

第8条　行政许可所依据的法律、法规、规章修改或者废止,或者准予行政许可所依据的客观情况发生重大变化的,为了公共利益的需要,行政机关可以依法变更或者撤回已经生效的行政许可。

考点二:行政许可的设定

第12条　下列事项可以设定行政许可:

(1)直接涉及国家安全、公共安全、经济宏观调控、生态环境保护以及直接关系人身健康、生命财产安全等特定活动,需要按照法定条件予以批准的事项;

(2)有限自然资源开发利用、公共资源配置以及直接关系公共利益的特定行业的市场准入等,需要赋予特定权利的事项;

(3)提供公众服务并且直接关系公共利益的职业、行业,需要确定具备特殊信誉、特殊条件或者特殊技能等资格、资质的事项;

(4)直接关系公共安全、人身健康、生命财产安全的重要设备、设施、产品、物品,需要按照技术标准、技术规范,通过检验、检测、检疫等方式进行审定的事项;

(5)企业或者其他组织的设立等,需要确定主体资格的事项;

(6)法律、行政法规规定可以设定行政许可的其他事项。

考点三:行政许可的实施程序

第29条　行政许可申请可以通过信函、电报、电传、传真、电子数据交换和电子邮件等方式提出。

第31条　行政机关及其工作人员不得以转让技术作为取得行政许可的条件。

第32条　行政机关对申请人提出的行政许可申请,应当根据下列情况分别作出处理:

(1)申请材料存在可以当场更正的错误的,应当允许申请人当场更正;

(2)申请材料不齐全或者不符合法定形式的,应当当场或者在五日内一次告知申请人需要补正的全部内容,逾期不告知的,自收到申请材料之日起即为受理;

行政机关受理或者不予受理行政许可申请,应当出具加盖本行政机关专用印章和注明日期的书面凭证。

第41条　法律、行政法规设定的行政许可,其适用范围没有地域限制的,申请人取得的行政许可在全国范围内有效。

第42条　除可以当场作出行政许可决定的外,行政机关应当自受理行政许可申请之日起二十日内作出行政许可决定。二十日内不能作出决定的,经本行政机关负责人批准,可以延长十日,并应当将延长期限的理由告知申请人。但是,法律、法规另有规定的,依照其规定。

第44条　行政机关作出准予行政许可的决定,应当自作出决定之日起十日内向申请人颁发、送达行政许可证件,或者加贴标签,加盖检验、检测、检疫印章。

第45条　行政机关作出行政许可决定,依法需要听证、招标、拍卖、检验、检测、检疫、鉴定和专家评审的,所需时间不计算在本节规定的期限内。行政机关应当将所需时间书面告知申请人。

第50条　被许可人需要延续依法取得的行政许可的有效期的,应当在该行政许可有效期届满三十日前向作出行政许可决定的行政机关提出申请。但是,法律、法规、规章另有规定的,依照其规定。

考点四:监督检查

第67条　未经作出行政许可决定的行政机关批准,不得擅自停业、歇业。

第78条　行政许可申请人隐瞒有关情况或者提供虚假材料申请行政许可的,行政机关不予受理或者不予行政许可,并给予警告;行政许可申请属于直接关系公共安全、人身健康、生命财产安全事项的,申请人在一年内不得再次申请该行政许可。

第79条　被许可人以欺骗、贿赂等不正当手段取得行政许可的,行政机关应当依法给予行政处罚;取得的行政许可属于直接关系公共安全、人身健康、生命财产安全事项的,申请人在三年内不得再次申请该行政许可;构成犯罪的,依法追究刑事责任。

第三章　公路水运工程试验检测管理

第一节　《公路水运工程质量检测管理办法》简介

考点一:《公路水运工程质量检测管理办法》(以下简称《质量检测管理办法》)制定的目的及相关概念

1. 制定目的:加强公路水运工程质量检测管理,保证公路水运工程质量及人民生命和财产安全。该目的准确定位了质量检测在公路水运工程建设中的地位。

2. 相关概念。

公路水运工程质量检测:按照规定取得公路水运工程质量检测机构资质的公路水运工程质量检测机构,根据国家有关法律、法规的规定,依据相关技术标准、规范、规程,对公路水运工程所用材料、构件、工程制品、工程实体等进行的质量检测活动。

《质量检测管理办法》赋予交通运输部、县级以上地方人民政府交通运输主管部门分工负责质量检测活动的监督管理。

考点二:资质分类和申请条件

1. 资质分类。

《质量检测管理办法》针对公路水运工程质量检测需要,建立了检测机构资质审批的行政许可制度。资质审批是一种法定的行政管理手段。《质量检测管理办法》第 7 条规定,检测机构资质分为公路工程、水运工程专业。

公路工程专业设甲级、乙级、丙级资质和交通工程,桥梁隧道工程资质,水运工程专业分为材料类和结构类。

水运工程材料类设甲、乙、丙 3 个等级,结构类设甲、乙 2 个等级。

2. 申请条件。

申请检测资质的机构应具备的资质条件主要包括:组织机构要求,专业技术人员和管理人员要求,试验检测仪器设备和设施要求,开展质量检测的技术能力、试验检测场所及环境要求、管理体系状况、质量检测业绩和信用等基本条件。

3. 检测机构等级的差异只反映检测参数的多少,并不代表其检测水平的高低。无论等级高低,其提供的检测数据都应准确、可靠,对相同的检测参数其检测结论应一致。

考点三：申请和许可

交通运输部负责公路工程甲级、交通工程专项、水运工程材料类甲级和结构类甲级质量检测机构资质的行政许可工作。

申请人注册地的省级人民政府交通运输主管部门负责公路工程乙级和丙级、桥梁隧道工程专项，水运工程材料类乙级和丙级、结构类乙级质量检测机构资质的行政许可工作(表 3-1)。

公路水运工程质量检测机构资质分类及许可分工　表 3-1

专业	类别	等级	许可
公路工程	—	甲级	交通运输部
		乙级	省级人民政府交通运输主管部门
		丙级	
		交通工程	交通运输部
		桥梁隧道工程	省级人民政府交通运输主管部门
水运工程	材料类	甲级	交通运输部
		乙级	省级人民政府交通运输主管部门
		丙级	
	结构类	甲级	交通运输部
		乙级	省级人民政府交通运输主管部门

考点四：申请资质、升级条件及申请提交材料

1. 第 9 条规定：申请检测机构资质的检测机构(以下简称申请人)应当具备以下条件：

(1)依法成立的法人；

(2)具有一定数量的具备公路水运工程试验检测专业技术能力的人员(以下简称检测人员)；

(3)拥有与申请资质相适应的质量检测仪器设备和设施；

(4)具备固定的质量检测场所，且环境条件满足质量检测要求；

(5)具有有效运行的质量保证体系。

2. 第 10 条规定：申请人可以同时申请不同专业、不同等级的检测机构资质。依据该条规定，申请人申请同一专业中更高等级资质时，不再有前置条件限制。

3. 第 11 条规定：申请人应当通过公路水运工程质量检测管理信息系统提交申请材料，并对其申请材料实质内容的真实性负责。许可机关不得要求申请人提交与其申请资质无关的技术资料和其他材料。

提交的申请材料包括：

(1)检测机构资质申请书；

(2)检测人员、仪器设备和设施、质量检测场所证明材料；

(3)质量保证体系文件。

考点五：受理和评审

第 12 条规定：许可机关受理申请后，应当组织开展专家技术评审。

专家技术评审由技术评审专家组（以下简称“专家组”）承担，实行专家组组长负责制。参与评审的专家应当由许可机关从其建立的质量检测专家库中随机抽取，并符合回避要求。

考点六：技术评审

1. 第 13 条规定：专家技术评审包括书面审查和现场核查两个阶段，所用时间不计算在行政许可期限内，但许可机关应当将专家技术评审时间安排书面告知申请人。专家技术评审的时间最长不得超过 60 个工作日。

2. 第 14 条规定：专家技术评审应当对申请人提交的全部材料进行书面审查，并对实际状况与申请材料的符合性、申请人完成质量检测项目的实际能力、质量保证体系运行等情况进行现场核查。

考点七：专家技术评审报告

第 15 条规定：专家组应当在专家技术评审时限内向许可机关报送专家技术评审报告。

专家技术评审报告应当包括对申请人资质条件等事项的核查抽查情况和存在问题，是否存在实际状况与申请材料严重不符、伪造质量检测报告、出具虚假数据等严重违法违规问题以及评审总体意见等。

许可机关可以将专家技术评审情况向社会公示。

考点八：许可机关审批、证书发放

第 16 条规定：许可机关应当自受理申请之日起 20 个工作日内作出是否准予行政许可的决定。

许可机关准予行政许可的，应当向申请人颁发检测机构资质证书；不予行政许可的，应当作出书面决定并说明理由。

考点九：证书、有效期

1. 证书信息

第 17 条规定：检测机构资质证书由正本和副本组成。

正本上应当注明机构名称，发证机关，资质专业、类别、等级，发证日期，有效期，证书编号和检测资质标识等；副本上还应当注明注册地址、检测场所地址、机构性质、法定代表人、行政负责人、技术负责人、质量负责人、检测项目及参数、资质延续记录、变更记录等。

检测机构资质证书分为纸质证书和电子证书。纸质证书与电子证书全国通用，具有同等效力。

2. 有效期

第 18 条规定：检测机构资质证书有效期为 5 年。

有效期满后拟继续从事质量检测业务的，检测机构应当提前 90 个工作日向许可机关提出资质延续申请。

考点十:延续申请的审批

1. 第 21 条规定:许可机关应当对申请资质延续审批的申请人进行专家技术评审,并在检测机构资质证书有效期满前,作出是否准予延续的决定。

符合资质条件的,许可机关准予检测机构资质证书延续 5 年。

2. 第 22 条规定:资质延续审批中的专家技术评审以专家组书面审查为主,但申请人存在本办法第四十八条第三项、第五十二条、第五十三条第五项和第五十五条规定的违法行为,以及许可机关认为需要核查的情形的,应当进行现场核查。

考点十一:变更事项及证书注销

1. 第 23 条规定:检测机构的名称、注册地址、检测场所地址、法定代表人、行政负责人、技术负责人和质量负责人等事项发生变更的,检测机构应当在完成变更后 10 个工作日内向原许可机关申请变更。

发生检测场所地址变更的,许可机关应当选派 2 名以上专家进行现场核查,并在 15 个工作日内办理完毕;其他变更事项许可机关应当在 5 个工作日内办理完毕。

检测机构发生合并、分立、重组、改制等情形的,应当按照本办法的规定重新提交资质申请。

2. 第 24 条规定:检测机构需要终止经营的,应当在终止经营之日 15 日前告知许可机关,并按照规定办理有关注销手续。

3. 第 25 条规定:许可机关开展检测机构资质行政许可和专家技术评审不得收费。

4. 第 26 条规定:检测机构资质证书遗失或者污损的,可以向许可机关申请补发。

考点十二:检测活动管理

1. 第 27 条规定:负有工程建设项目质量监督管理责任的交通运输主管部门应当对工地试验室进行监督管理。

2. 第 34 条:检测机构在同一公路水运工程项目标段中不得同时接受建设、监理、施工等多方的质量检测委托。

3. 第 36 条:在检测过程中发现检测项目不合格且涉及工程主体结构安全的,检测机构应当及时向负有工程建设项目质量监督管理责任的交通运输主管部门报告。

4. 第 39 条:检测人员不得同时在两家或者两家以上检测机构从事检测活动,不得借工作之便推销建设材料、构配件和设备。

考点十三:监督检查

1. 第 42 条规定:交通运输主管部门开展监督检查工作,主要包括下列内容:

(1)检测机构资质证书使用的规范性,有无转包、违规分包、超许可范围承揽业务、涂改和租借资质证书等行为;

(2)检测机构能力的符合性,工地试验室设立和施工现场检测情况;

(3)原始记录、质量检测报告的真实性、规范性和完整性;

(4)采用的技术标准、规范和规程是否合法有效,样品的管理是否符合要求;

(5)仪器设备的运行、检定和校准情况;

(6)质量保证体系运行的有效性;

(7)检测机构和检测人员质量检测活动的规范性、合法性和真实性;

(8)依据职责应当监督检查的其他内容。

2. 第43条规定:交通运输主管部门实施监督检查时,有权采取以下措施:

(1)要求被检查的检测机构或有关单位提供相关文件和资料;

(2)查阅、记录、录音、录像、照相和复制与检查相关的事项和资料;

(3)进入检测机构的检测工作场地进行抽查;

(4)发现有不符合国家有关标准、规范、规程和本办法的质量检测行为时,责令立即改正或限期整改。

3. 第44条规定:交通运输部、省级人民政府交通运输主管部门应当组织比对试验,验证检测机构的能力,比对试验情况录入公路水运工程质量检测管理信息系统。

检测机构应当按照前款规定参加比对试验并按照要求提供相关资料。

4. 第45条规定:任何单位和个人都有权向交通运输主管部门投诉或举报违法违规的质量检测行为。

5. 第46条规定:交通运输部建立健全质量检测信用管理制度。

考点十四:法律责任

1. 第48条规定:检测机构违反本办法规定,有下列行为之一的,其检测报告无效,由交通运输主管部门处1万元以上3万元以下罚款;造成危害后果的,处3万元以上10万元以下罚款;构成犯罪的,依法追究刑事责任:

(1)未取得相应资质从事质量检测活动的;

(2)资质证书已过有效期从事质量检测活动的;

(3)超出资质许可范围从事质量检测活动的。

2. 第49条规定:检测机构隐瞒有关情况或者提供虚假材料申请资质的,许可机关不予受理或者不予行政许可,并给予警告;检测机构1年内不得再次申请该资质。

3. 第50条规定:检测机构以欺骗、贿赂等不正当手段取得资质证书的,由许可机关予以撤销;检测机构3年内不得再次申请该资质;构成犯罪的,依法追究刑事责任。

4. 第51条规定:检测机构未按照本办法第二十三条规定申请变更的,由交通运输主管部门责令限期办理;逾期未办理的,给予警告或者通报批评。

5. 第52条规定:检测机构违反本办法规定,有下列行为之一的,由交通运输主管部门责令改正,处1万元以上3万元以下罚款;造成危害后果的,处3万元以上10万元以下罚款;构成犯罪的,依法追究刑事责任:

(1)出具虚假检测报告,篡改、伪造检测报告的;

(2)将检测业务转包、违规分包的。

6. 第53条规定:检测机构违反本办法规定,有下列行为之一的,由交通运输主管部门责令改正,处5000元以上1万元以下罚款:

(1)质量保证体系未有效运行的,或者未按照有关规定对仪器设备进行正常维护的;
(2)未按规定进行档案管理,造成检测数据无法追溯的;
(3)在同一工程项目标段中同时接受建设、监理、施工等多方的质量检测委托的;
(4)未按规定报告在检测过程中发现检测项目不合格且涉及工程主体结构安全的;
(5)接受监督检查时不如实提供有关资料,或者拒绝、阻碍监督检查的。

第二节　公路水运工程质量检测机构资质等级条件

《公路水运工程质量检测机构资质等级条件》(以下简称《资质等级条件》)明确了公路水运工程质量检测机构申请相应资质时应具备的条件,即分别对相应资质等级规定了检测机构应具备的人员、设备、环境以及检测参数等。

考点一:《资质等级条件》中对人员配置、检测环境的规定(红色字体部分很重要)

1. 公路工程质量检测机构资质等级条件人员配备要求(表 3-2,表中一项不满足视为不符合)。

公路工程质量检测机构资质等级条件人员配备要求　表 3-2

项目	甲级	乙级	丙级	交通工程	桥梁隧道工程
持试验检测人员证书总人数	≥50 人	≥23 人	≥9 人	≥28 人	≥30 人
持试验检测师证书人数及专业配置	道路工程≥10 人 桥梁隧道工程≥7 人 交通工程≥3 人	道路工程≥6 人 桥梁隧道工程≥2 人	道路工程≥3 人 桥梁隧道工程≥1	交通工程≥13 人	道路工程≥3 人 桥梁隧道工程≥12 人
相关专业高级职称人数(持试验检测师证书)及专业配置	道路工程≥6 人 桥梁隧道工程≥5 人 交通工程≥1 人	道路工程≥2 人 桥梁隧道工程≥1 人	—	交通工程≥8 人	道路工程≥1 桥梁隧道工程≥7 人
技术负责人	1. 相关专业高级职称; 2. 持试验检测师证书; 3. 8 年以上试验检测工作经历	1. 相关专业高级职称; 2. 持试验检测师证书; 3. 5 年以上试验检测工作经历	1. 相关专业中级职称; 2. 持试验检测师证书; 3. 5 年以上试验检测工作经历	1. 相关专业高级职称; 2. 持交通工程试验检测师证书; 3. 8 年以上试验检测工作经历	1. 相关专业高级职称; 2. 持桥梁隧道工程试验检测师证书; 3. 8 年以上试验检测工作经历
质量负责人	1. 相关专业高级职称; 2. 持试验检测师证书; 3. 8 年以上试验检测工作经历	1. 相关专业高级职称; 2. 持试验检测师证书; 3. 5 年以上试验检测工作经历	1. 相关专业中级职称; 2. 持试验检测师证书; 3. 5 年以上试验检测工作经历	1. 相关专业高级职称; 2. 持试验检测师证书; 3. 8 年以上试验检测工作经历	1. 相关专业高级职称; 2. 持试验检测师证书; 3. 8 年以上试验检测工作经历

2. 公路工程质量检测机构资质等级条件质量检测环境要求(表3-3,此表内容为强制性要求)。

公路工程质量检测机构资质等级条件质量检测环境要求　　表3-3

项目	甲级	乙级	丙级	交通工程专项	桥梁隧道工程专项
试验检测用房使用面积(不含办公面积)(m^2)	≥1300	≥700	≥400	≥900	≥900
	试验检测环境应满足所开展检测参数要求,布局合理、干净整洁				

3. 水运工程质量检测机构资质等级条件人员配备要求(表3-4,表中一项不满足视为不符合)。

水运工程质量检测机构资质等级条件人员配备要求　　表3-4

项目	材料甲级	材料乙级	材料丙级	结构甲级	结构乙级
持试验检测人员证书总人数	≥26人	≥11人	≥7人	≥22人	≥9人
持试验检测师证人数及专业配置	水运材料≥10人	水运材料≥4人	水运材料≥2人	水运结构与地基≥8人	水运结构与地基≥3人
相关专业高级职称人数(持试验检测师证书)及专业配置	水运材料≥5人	水运材料≥2人	—	水运结构与地基≥4人	水运结构与地基≥1人
技术负责人	1. 相关专业高级职称; 2. 持水运材料试验检测师证书; 3. 8年以上试验检测工作经历	1. 相关专业高级职称; 2. 持水运材料试验检测师证书; 3. 5年以上试验检测工作经历	1. 相关专业中级职称; 2. 持水运材料试验检测师证书; 3. 5年以上试验检测工作经历	1. 相关专业高级职称; 2. 持水运结构与地基试验检测师证书; 3. 8年以上试验检测工作经历	1. 相关专业高级职称; 2. 持水运结构与地基试验检测师证书; 3. 5年以上试验检测工作经历
质量负责人	1. 相关专业高级职称; 2. 持试验检测师证书; 3. 8年以上试验检测工作经历	1. 相关专业高级职称; 2. 持试验检测师证书; 3. 5年以上试验检测工作经历	1. 相关专业中级职称; 2. 持试验检测师证书; 3. 5年以上试验检测工作经历	1. 相关专业高级职称; 2. 持试验检测师证书; 3. 8年以上试验检测工作经历	1. 相关专业高级职称; 2. 持试验检测师证书; 3. 5年以上试验检测工作经历

4. 水运工程质量检测机构资质等级条件质量检测环境要求(表3-5,此表内容为强制性要求)。

水运工程质量检测机构资质等级条件质量检测环境要求　　表3-5

项目	材料甲级	材料乙级	材料丙级	结构甲级	结构乙级
试验检测用房使用面积(不含办公面积)(m^2)	≥900	≥600	≥200	≥500	≥200
	试验检测环境应满足所开展检测参数要求,布局合理,干净整洁				

5. 技术负责人所持有的试验检测师证书有专业要求,质量负责人只要持试验检测师证书即可,无专业要求。技术负责人可以兼任质量负责人。同时具有公路、水运工程资质等级的质

量检测机构,其质量负责人应是同一个人。

6. 资质申请或延续审批时,持证人员年龄不超过 60 岁,每人至多用于两个资质申请

考点二:检测用房面积的要求

1. 试验检测用房面积是强制要求,不满足要求不得申请等级评定。

2. 检测机构应具有长期稳定的场所开展试验检测工作,且应保证其环境条件满足相应规范、标准、规程等的要求。具有检测用房的产权或长期(不小于 5 年)使用权。试验检测用房面积包括各检测室、养护室、委托、留样、档案存放等用房面积,用于放置车载式仪器设备的室内场地面积可计入检测用房面积,不应包括检测机构用于办公的场地面积,如办公室、会议室。试验检测不仅面积数量满足要求,布局应合理,遵循互不干扰、经济合理原则。

3.《资质等级条件》中的试验检测能力由试验检测的专业、领域、项目及参数 4 个层次表示。

考点三:不同专业的字母代号

(1)公路用 GL,水运用 SY 表示。

(2)检测领域:工程材料与制品(Q)、工程环境及其他(Z)、工程实体与结构(P)。

考点四:对参数和设备的要求

1. 对应设备分为必选设备和非可选设备。必选参数和设备属于必须满足的条件,而对于可选参数和设备检测机构可根据地域差异,结合实际需要选择性配置。但可选参数申请数量应不低于本等级可选参数总数量的 60%,否则不得申请。

2. 所列的仪器设备功能、量程、准确性,以及配套设备设施均应符合所测参数现行依据标准的要求。设备的功能、精度、量程等符合规范要求,如钢材与连接接头项目中力学测试设备伺服万能试验机,就要根据不同规格的钢筋予以合理配置,保证在总量程的 20% ~80% 范围使用;应力环应根据测试值的范围不同,规格也不同;电子天平的配置应满足不同量程精度的要求,数量根据各个检测室的设置和检测工作需要配置;烘箱根据规程要求的试验条件不同而配置的规格不同,配置数量应满足检测工作量的要求,不能将不同试验条件的样品同时置于一个烘箱。总之,仪器设备配置的数量和精度应符合规范要求,数量应满足需要,并应同时具有其所有权和使用权。

第三节　公路水运工程质量检测机构资质审批专家技术评审工作程序

考点一:技术评审专家组构成

第 4 条　技术评审专家组(以下简称专家组)应根据申请人所申请的专业、资质类别等级,按照专业覆盖的原则,从许可机关建立的质量检测专家库中随机抽取组成,并符合回避

要求。

专家组一般由3人及以上组成，设组长1名，实行组长负责制。

考点二：评审时间及会议安排

第5条　许可机关自收到申请人通过公路水运工程质量检测管理信息系统提交的技术评审证明材料后，5个工作日内向申请人发出技术评审通知，明确技术评审的工作安排。专家组对申请人通过公路水运工程质量检测管理信息系统提交的全部材料进行书面审查，并按有关规定开展现场核查，现场核查时间一般为2天。

资质延续审批以专家组书面审查为主，但申请人存在《公路水运工程质量检测管理办法》中规定的违法行为，以及许可机关认为需要核查的情形的，应当进行现场核查。

考点三：书面审查内容

第6条　书面审查具体内容如下：

(1)质量检测场所的平面布置图、各功能检测室的平面布置图及环境条件描述，申请人提供的音像资料；

(2)证明质量检测水平的典型报告(典型报告应覆盖所有的质量检测项目且不少于质量检测项目必选参数的10%，其中桥梁、隧道和基坑及基桩等涉及结构安全的检测项目以及水泥混凝土、沥青混合料等检测项目不少于必选参数的15%，新增参数典型报告不低于30%)；

(3)受控质量检测标准、规范和规程文件清单；

(4)仪器设备的所有权证明、检定/校准证书(主要仪器设备应不低于所申请资质等级必选仪器设备总量的40%)；

(5)质量检测业绩证明文件，包括合同文件、委托方出具的证明文件等；

(6)(7)略。

考点四：现场核查内容

第8条　专家组长主持召开现场核查工作预备会议，专家组全体成员及申请人主要负责人参加。会议主要内容是明确现场核查计划及专家分工，抽取现场试验操作考核参数及其试验操作人员，提出现场核查工作纪律和要求。

第9条　专家组长主持召开现场核查工作布置会议，专家组全体成员以及申请人关键岗位人员参加。会议主要内容是听取申请人有关工作的汇报，明确现场核查工作安排及有关要求等。

第11条　专家组应核查申请人的人员、检测场所、设备设施、检测工作覆盖参数情况等是否与申请材料一致，主要核查以下内容：

(1)(2)略。

(3)所申请资质参数的原始记录和质量检测报告(含模拟报告)是否齐全。

(4)申请人用房产权证明或租赁期限证明材料是否有效(租赁期限应大于或等于5年)。

(5)延续审批还应核查申请人取得资质证书后，持试验检测师证书人员调离该机构的人数占原总持证人数的比例。

考点五:多个审批相关要求

第 12 条　专家组核查中对于申请人同时申请多个资质的,行政、技术、质量负责人所持试验检测证书可在多个资质中使用。技术负责人不单独配置时,应同时持有满足不同资质要求的检测人员证书;不同资质可共用检测用房、仪器设备,但检测用房须满足不同资质要求。

第 14 条　专家组应对申请人的原始记录、报告进行检查评价,主要内容如下:

(1)业务委托、合同签订、任务分派、样品管理、报告审批等检测业务流程是否规范;

(2)在覆盖所有质量检测项目的基础上,抽查不少于 15% 的必选参数和 5% 的可选参数的质量检测记录和报告。重点检查依据标准是否适宜、是否执行技术标准、信息是否完整正确、结论是否正确,以及签字、用章的规范性等。

考点六:现场试验操作考核及关键岗位人员考核

第 15 条　现场试验操作考核参数一般应采取随机抽取的方式确定,且应覆盖所申请资质等级能力范围的所有检测项目,并不低于必选参数总量的 15%,同时抽取相应的检测人员。对于有模拟报告而无业绩且未能提交比对试验报告的参数,应列为现场试验操作随机抽取考核范围。

第 16 条　延续审批现场核查时,应将难度较大、资质证书有效期内未开展或开展频率低、标准规范发生变更、比对试验结果存在问题的检测参数等纳入随机抽取考核范围。

第 17 条　考查申请人行政、技术、质量负责人等关键岗位人员,应重点考查资历条件是否满足资质条件及有关要求,是否理解和熟悉岗位职责等内容。考核可采取口头问答或书面考试等方式进行。

考点七:终止评审的情况

第 18 条　申请人发生下列任何情况之一,专家组经报告许可机关同意后可终止现场评审工作:

(1)实际状况与申请资料严重不符,包括人员、场地、仪器设备等强制性指标要求的实际情况低于资质等级条件要求;

(2)检测实际能力不能满足基本条件;

(3)质量保证体系失控,相关记录缺失或失实;

(4)有意干扰技术评审工作,技术评审工作不能正常进行;

(5)存在伪造质量检测报告、出具虚假数据等弄虚作假行为;

(6)存在被考核人员冒名顶替、借(租)用质量检测仪器设备等情况;

(7)存在其他严重的违法违规问题。

考点八:评议打分及反馈整改

第 19 条　专家组长组织专家组内部评议,专家组成员参加。在评议的基础上,专家独立填写打分表并签字密封。

第 20 条　专家组长主持召开评审情况反馈会议,参加人员一般与评审工作布置会议相同。主要内容是通报发现的问题及整改意见。专家组在技术评审中发现申请人存在可以在短期内完成整改的瑕疵性事项的,应当通知申请人。

第四节　公路水运工程试验检测机构和人员信用评价

考点一:信用评价的评价对象、适用范围、评价目的和原则

1.《公路水运工程试验检测信用评价办法》(以下简称《信用评价办法》)第 2 条规定:本办法所称信用评价是指交通运输主管部门对持有公路水运工程试验检测师或助理试验检测师(试验检测工程师或试验检测员)资格证书的试验检测从业人员(以下简称检测人员)和取得公路水运工程试验检测等级证书并承担公路水运工程试验、检测及监测业务的试验检测机构的从业承诺履行状况等诚信行为的综合评价。

2. 试验检测机构和人员信用评价目的:加强检测管理和诚信建设;增强机构和人员诚信意识;促进检测市场健康发展。

3. 信用评价原则:公开、客观、公正、科学。

(1)评价对象。持有公路水运工程试验检测师或助理试验检测师(试验检测工程师或试验检测员)资格证书的试验检测从业人员;取得公路水运工程试验检测等级证书的机构。

(2)评价范围。承担公路水运工程试验、检测及监测业务的试验检测机构的从业承诺履行状况。

考点二:对机构和人员信用评价的方式和结果处理

1.《信用评价办法》第 6 条规定:试验检测机构的信用评价实行综合评分制。试验检测机构设立的公路水运工程工地试验室(以下简称工地试验室)及单独签订合同承担的工程试验、检测及监测等现场试验检测项目(以下简称现场检测项目)的信用评价,作为其信用评价的组成部分。

(1)即试验检测机构对外派的工地试验室有连带责任,工地试验室数量越多,其信用评价的风险也越大。

(2)试验检测机构、工地试验室及现场检测项目的评价采用扣分制。基准分为 100 分。

2. 人员的信用评价方法:

(1)人员的信用评价实行随机检查累计扣分制。在评价周期内,试验检测人员在不同项目和不同工作阶段发生的违规行为实行累计扣分。一个具体行为涉及两项以上违规行为的,以扣分标准高者为准。

(2)评价周期内:20 分≤人员累计扣分分值<40 分,属信用较差;人员累计扣分分值≥40 分,属信用很差。

(3)连续 2 年被评为信用较差的人员,信用等级直接按差发布,并列入黑名单。伪造证书信用评为很差,列入黑名单。

考点三:试验检测机构信用等级的划分

《信用评价办法》第 8 条规定:试验检测机构信用评价分为 AA、A、B、C、D 五个等级,评分对应的信用等级如表 3-6 所示。

试验检测机构信用等级的划分　表 3-6

等级	信用评分	信用状态
AA 级	信用评分≥95 分	信用好
A 级	85≤信用评分<95 分	信用较好
B 级	70≤信用评分<85 分	信用一般
C 级	60≤信用评分<70 分	信用较差
D 级	信用评分<60 分	信用差
被评为 D 级的试验检测机构直接列入黑名单,并按原《公路水运工程试验检测管理办法》予以处罚		

考点四:负责部门及评价周期

1.《信用评价办法》第 4 条规定:省级交通运输主管部门负责在本行政区域内从事公路水运工程试验检测业务的持有助理试验检测师(试验检测员)资格证书的检测人员和乙级、丙级试验检测机构信用评价工作的管理。省级交通运输主管部门所属的质量监督机构(以下简称省级质监机构)负责信用评价的具体组织实施工作。

上一级质监机构应当对下一级质监机构信用评价工作进行监督检查。

2.《信用评价办法》第 5 条规定:信用评价周期为 1 年,评价的时间段从 1 月 1 日至 12 月 31 日。评价结果定期公示、公布。

考点五:《信用评价办法》第 10 条

1. 质监机构用于复核评价的不良信用信息采集每年至少 1 次且要覆盖到评价标准的所有项。

2. 评价依据包括:

(1)检测机构自评情况;

(2)各级交通运输主管部门、质监机构开展事中事后监管活动中和建设单位、监理单位在工程建设管理中发现的失信行为;

(3)投诉举报查实的违规行为;

(4)交通运输主管部门或质监机构通报批评或行政处罚的失信行为;

(5)等级评定、换证复核中发现的失信行为;

(6)检测机构及其设立的工地试验室在各级质监机构、行业组织开展的比对试验活动中出现的失信行为;

(7)相关交通运输管理部门在公共信用信息服务平台中发布的有关行政处罚行为。

考点六:评价部门的职权范围及分工

1.《信用评价办法》第 4 条规定:交通运输部负责公路水运工程试验检测机构和人员的信

用评价工作的统一管理。负责持有试验检测师(试验检测工程师)资格证书的检测人员和取得公路水运甲级(专项)等级证书并承担高速公路、独立特大桥、长大隧道及大中型水运工程试验、检测及监测业务试验检测机构的信用评价和信用评价结果的发布。

2. 省级交通运输主管部门负责本行政区域内检测人员和检测机构信用评价工作的管理。

3. 省质监机构负责本区域信用评价的具体组织实施工作。

4. 由省级交通运输主管部门审核报部质监机构。

5. 在本省注册的助理试验检测师和取得公路水运乙级、丙级证书并承担工程质量鉴定、验收、评定(检验)、监测及第三方试验检测业务的试验检测机构,由省级交通运输主管部门审定后发布。

考点七:机构、工地试验室和项目及人员失信行为(重点掌握顶格处罚,了解其他扣分项)

1.《信用评价办法》明确:工程试验检测机构信用评价标准有 24 项失信行为,工地试验室及现场检测项目信用评价标准有 19 项失信行为,试验检测人员信用评价标准有 14 项失信行为。

2. 对于检测机构:直接定为差(D 级)的 5 项:

(1)JJC201001 租借试验检测等级证书承揽试验检测业务的;

(2)JJC201002 以弄虚作假或其他违法形式骗取等级证书或承接业务的;

(3)JJC201003 出具虚假报告并造成质量安全事故或质量标准降低的;

(4)JJC201004 工地试验室及现场检测项目总得分为 0 分的;

(5)(新增)存在严重失信行为,作为责任单位被部、省级交通运输厅及以上有关部门行政处罚的。

3. 对于工地试验室及现场检测项目信用评价,扣 100 分的项目有 2 项:

(1)出虚假数据报告并造成质量安全事故或质量标准降低的;

(2)工地试验室未履行合同擅自撤离工地的。

4. 质量检测机构人员评价中扣 40 分的有 5 项:

(1)有关试验检测工作被司法部门认定犯罪的;

(2)出具虚假数据报告造成质量安全事故或质量标准降低的;

(3)租借试验检测等级证书承揽试验检测业务;

(4)以弄虚作假或其他违法形式骗取等级证书或承接业务的,伪造、涂改、转让等级证书的;

(5)授权检测工地人员资料虚假,出借试验检测人员资格证书的。

考点八:工地试验室授权负责人的信用评价管理

1. 工地试验室授权负责人信用等级被评为信用较差的,2 年内不能担任工地试验室授权负责人。信用等级被评为信用差,5 年内不能担任工地试验室授权负责人。

2. 工地试验室信用评价结果≤70 分(C 级较差)的,其授权负责人 2 年内不能担任工地试验室授权负责人。

第五节　公路水运工程工地试验室管理

考点一:工地试验室设立的原则和基本要求

1. 工地试验室标准化建设核心(内涵)是质量管理精细化、检测工作规范化、硬件建设标准化和数据报告信息化。

2. 工地试验室设立的原则:取得《资质证书》的检测机构,可设立工地试验室,承担相应公路水运工程的试验检测业务,并对其试验检测结果承担责任。

3. 工地试验室设立的基本要求:

(1)工地试验室按合同段划分单独设立,工程跨度较大可设立分支工地试验室。

(2)分支工地试验室也应按标准化要求建设,接受质监机构监督。

4. 工地试验室建设原则:

(1)标准化建设:因地制宜、量力而行、务求实效、经济适用。

(2)各功能室:分区设置、布局合理、互不干扰、经济适用。

(3)目标:保证试验检测数据的准确性和客观性。

5. 工地试验室所从事的检测业务范围也必须是《资质证书》核定的检测业务范围,不能超范围开展检测工作。凡是查出工地试验室有问题的,按照信用评价办法对其母体进行处理。凡是工地试验室的母体不具备《资质证书》的,其所出具的数据将不能作为公路水运工程质量评定和工程验收的依据,质监机构将不予认可。

考点二:工地试验室的授权及授权书内容

1. 任何单位不得干预工地试验室独立、客观地开展试验检测活动。

2. 设立工地试验室的母体试验检测机构,应当在其资质证书核定的业务范围内,根据工程现场管理需要或合同约定,对工地试验室进行授权。

3. 工地试验室授权书包括内容:

①检测项目及参数;②授权负责人;③工地试验室公章;④授权期限。

考点三:参数超范围时的处理

1. 当工地现场需要的试验检测参数超出母体检测机构《资质证书》范围时,应当委托具有交通行业《资质证书》且通过计量认证的机构,参数超出《资质等级条件》的范围时,应当委托通过计量认证的机构。

2. 当母体检测机构对工地试验室检测参数采取部分授权时,未授权的参数可以由母体机构实施检测,也可以选择委托第三方其他等级机构实施检测。

考点四:工地试验室的业务范围和信用评价

1. 工地试验室应在母体试验检测机构授权的范围内,为工程建设项目提供试验检测服务,不得对外承揽试验检测业务。

2. 工地试验室实行授权负责人责任制,并按照《信用评价办法》进行全面信用评价。

3.《质量检测管理办法》第34条规定:检测机构在同一公路水运工程项目标段中不得同时接受业主、监理、施工等多方的检测委托。

考点五:工地试验室的备案程序及信息变更备案

1. 工地试验室备案设立实行登记备案制。按照母体试验检测机构授权→工地试验室填写"公路水运工程工地试验室备案登记表"→建设单位初审→质监机构登记备案→通过时出具"公路水运工程工地试验室备案通知书"的流程。

2. 工地试验室被授权的试验检测项目及参数,或试验检测持证人员进行变更的,应当由母体试验检测机构报经建设单位同意后,向项目质监机构备案。

考点六:工地试验室与授权母体的关系及印章信息

1. 工地试验室是由母体试验检测机构派出,代表母体试验检测机构在工地现场从事检测工作,工地试验室的工作质量和管理水平直接反映母体的水平,尤其是施工单位的母体试验检测机构更多履行的是管理职能,其检测业绩大多是通过工地检测报告反映,需要将工地试验室的相关资料(如授权书、备案通知书、设备的使用记录、检测的原始记录、检测台账等)在工程完工后移交母体试验检测机构,是母体业绩的证明材料。

2. 工地试验室出具的试验检测报告应加盖工地试验室印章,印章包含的基本信息有:母体试验检测机构名称+建设项目标段名称+工地试验室。

考点七:工地试验室人员配置的要求及职责

1. 工地试验室应根据工程内容、规模、工期要求和工作距离等因素,科学合理地配备试验检测人员数量,确保试验检测工作正常、有序开展。所有试验检测人员均应持证上岗,并在母体试验检测机构注册登记,不得同时受聘于两家或两家以上的工地试验室。试验检测人员专业应配置合理,能涵盖工程涉及的专业范围和内容。

2. 工地试验室不得聘用信用较差或很差的试验检测人员担任授权负责人,不得聘用信用很差的试验检测人员从事试验检测工作。

3. 工地试验室实行授权负责人责任制。工地试验室授权负责人对工地试验室运行管理工作和试验检测活动全面负责,授权负责人必须是母体试验检测机构委派的正式聘用人员,且须持有试验检测工程师证书。

考点八:授权负责人的职责和权限

1. 审定和管理工地试验室资源配置,确保工地试验室人员、设备、环境等满足试验检测工作需要;审核或签发工地试验室出具的试验检测报告,对试验检测数据及报告的真实性、准确性负责;对违规人员有权辞退。

2. 实行不合格品报告制度,对于签发的涉及结构安全的产品或试验检测项目不合格报告,工地试验室授权负责人应在2个工作日之内报送试验检测委托方,抄送项目质量监督机构,并建立不合格试验检测项目台账。

考点九：工地试验室授权负责人的管理

1. 工地试验室授权负责人变更，需由母体试验检测机构提出申请，经项目建设单位同意后报项目质监机构备案。擅自离岗或同时任职于两家及以上工地试验室，均视为违规行为，按照《信用评价办法》予以扣分。

2. 工地试验室授权负责人信用等级被评为信用较差的，2 年内不能担任工地试验室授权负责人。信用等级被评为信用很差的，5 年内不能担任工地试验室授权负责人。

3. 工地试验室信用评价结果小于或等于 70 分的，其授权负责人两年内不能担任工地试验室授权负责人。

第六节　公路水运工程试验检测人员继续教育

考点一：继续教育的目的、依据和适用范围

1. 巩固并提高试验检测人员的能力和技术水平。

2. 适应公路水运工程试验检测工作发展需要。

3. 促进试验检测人员继续教育制度化、规范化、科学化。

4. 依据：原《公路水运工程试验检测管理办法》(现被《公路水运工程质量检测管理办法》替代)。

5. 适用范围：有证的试验检测师和助理试验检测师。

考点二：继续教育的组织方式及分工

1. 部质监局的职责：主管全国公路水运工程试验检测人员继续教育工作，负责制定继续教育相关制度，确定继续教育主体内容，统一组织继续教育师资培训，监督、指导各省开展继续教育工作。

2. 交通运输部职业资格中心配合部质监局开展相关具体工作。

3. 各省级交通运输主管部门质量监督机构(以下简称省级质监机构)的职责：负责本省范围内试验检测人员继续教育工作，负责制定本行政区域继续教育相关制度和年度计划，结合实际确定继续教育补充内容，组织、协调本省继续教育工作。

考点三：承担继续教育机构和师资的条件

1. 承担继续教育的机构应受省级质监机构委托，机构需满足以下条件：

(1)具有较丰富的公路、水运工程试验检测和工程经验，能够独立按照教学计划和有关规定开展继续教育相关工作；

(2)具有独立法人资格，具备完善的教学、师资等组织管理及评价体系；

(3)有不少于 10 名的师资人员；

(4)有教学场所、实操场所(如租用场所应至少有三年的协议);

(5)收支管理规范,有收费许可证、税务登记证;能够按照相关规定核算有关费用,合理确定收费项目和收费标准。

2. 师资人员一般应具备以下条件:

(1)具有较高的政治、业务素质,较强的政策能力,在专业技术领域内有较高的理论水平和较丰富的工程经验;

(2)具有相关专业高级技术职称;

(3)通过部质监局组织的师资培训。

考点四:继续教育的周期和学时要求

1. 公路水运工程试验检测继续教育周期为2年(从取得证书的次年起计算)。试验检测人员在每个周期内接受继续教育的时间累计不应少于24学时。

2. 折算学时(表3-7)规定:折算学时可叠加。

继续教育折算学时　　表3-7

折算学时	职责
8学时	1. 参加助理试验检测师考试阅卷工作; 2. 参加省组织的机构评定、试验检测专项检查等
12学时	1. 参加试验检测师考试阅卷工作; 2. 参加部组织的机构评定、试验检测专项检查等; 3. 参加试验检测考试大纲及考试用书编写工作
24学时	1. 参加试验检测考试命题工作; 2. 担任继续教育师资

3. 继续教育的监督检查:试验检测人员在继续教育过程中有弄虚作假、冒名顶替等行为的,取消其本周期内已取得的继续教育记录,并纳入诚信记录。

第七节　公路水运工程试验检测安全管理

考点一:安全生产指导方针、适用范围和监督机制

1. 公路水运工程试验检测安全监督管理的基本规定。

(1)"安全第一,预防为主,综合治理"是安全生产工作的指导方针,是企业安全生产的灵魂和统帅。

(2)《公路水运工程安全生产监督管理办法》(以下简称《安全生产监督管理办法》)第2条规定:公路水运工程建设活动的安全生产行为及对其实施监督管理,应当遵守该办法。

(3)从业单位包括从事公路、水运工程建设、勘察、设计、监理、施工、试验检测、安全服务等工作的单位。

(4)建立从业单位负责、职工参与、政府监管、行业自律和社会监督机制。

2.《安全生产监督管理办法》第3条规定:本办法所称公路水运工程,是指经依法审批、核准或者备案的公路、水运基础设施的新建、改建、扩建等建设项目。

考点二:管理部门的职权分工

1.《安全生产监督管理办法》第5条规定:交通运输部负责全国公路水运工程安全生产的监督管理工作;县级以上地方人民政府交通运输主管部门按照规定的职责负责本行政区域内的公路水运工程安全生产监督管理工作。

2.《安全生产监督管理办法》第11条规定:从业单位从事公路水运工程建设活动,应当具备法律、法规、规章和工程建设强制性标准规定的安全生产条件。任何单位和个人不得降低安全生产条件。

3.《安全生产监督管理办法》第12条规定:公路水运工程应当坚持先勘察后设计再施工的程序。

考点三:安全员的配备条件,安全生产三类人员

1.安全员的配备条件。

(1)不足5000万元的至少配备1名安全员。

(2)5000万元~2亿元按每5000万元配备1名安全员。

(3)2亿元以上不少于5名,且按专业配备。

2.重要补充。

(1)安全生产三类人员:施工单位的主要负责人、项目负责人、专职安全生产管理人员。

(2)项目负责人:项目经理、项目副经理、项目总工。

(3)施工单位主要负责人:企业法定代表人、企业安全生产工作的负责人。

3.《安全生产监督管理办法》第15条:从业单位应当依法对从业人员进行安全生产教育和培训。未经安全生产教育和培训合格的从业人员,不得上岗作业。

考点四:功能区的设置要求

《安全生产监督管理办法》第22条规定:公路水运工程施工现场的办公、生活区与作业区应当分开设置,并保持安全距离。

考点五:公路水运工程试验检测的安全生产责任

1.《安全生产监督管理办法》第27条规定:从业单位应当建立健全安全生产责任制,明确各岗位的责任人员、责任范围和考核标准。

2.《安全生产监督管理办法》第43条规定:作业人员应当遵守安全施工的规章制度和操作规程,正确使用安全防护用具、机械设备。发现安全事故隐患或其他不安全因素,应当向现场专(兼)职安全生产管理人员或本单位项目负责人报告。

考点六:交通运输主管部门发现问题的处理方式和监督检查措施

1.《安全生产监督管理办法》第45条规定:交通运输主管部门对公路水运工程安全生产

行为的监督检查主要包括下列内容：

(1)被检查单位执行法律、法规、规章及工程建设强制性标准情况；

(2)项目安全生产条件落实情况；

(3)施工场地布置、现场安全防护、施工工艺操作、施工安全管理活动记录等方面的安全生产标准化建设推进情况。

2.《安全生产监督管理办法》第46条规定：交通运输主管部门在职责范围内开展安全生产监督检查时，有权采取以下措施：

(1)进入被检查单位进行检查，调阅文件和相关照片、录像及电子文本，向有关单位人员了解情况；

(2)进入被检查单位施工现场进行监督抽查；

(3)责令相关单位立即或限期停止、改正违法行为；

(4)法律、行政法规规定的其他措施。

3.《安全生产监督管理办法》第50条规定：交通运输主管部门在专业性较强的监督检查中，可以委托具备相应资质能力的机构或专家开展检查、检测和评估，所需费用按照本级政府购买服务的相关程序要求进行申请。

考点七：公路水运工程试验检测有关的法律责任

《安全生产监督管理办法》第55条规定：从业单位及相关责任人违反本办法规定，有下列行为之一的，责令限期改正：逾期未改正的，对从业单位处1万元以上3万元以下的罚款；构成犯罪的，依法移送司法部门追究刑事责任。

(1)从业单位未全面履行安全生产责任，导致重大事故隐患的；

(2)未按规定开展设计、施工安全风险评估，或风险评估结论与实际情况严重不符，导致重大事故隐患未被及时发现的；

(3)未按批准的专项施工方案进行施工，导致重大事故隐患的；

(4)在已发现的泥石流影响区、滑坡体等危险区域设置施工驻地，导致重大事故隐患的。

考点八：室内试验和室外检测的分类及适用对象

1. 公路水运工程试验检测从检测工作的场所来分可以分为室内试验和室外检测。

2. 室内试验的对象是工程建设所用原材料、半成品或成品，如钢材、水泥、石料、水泥混凝土试件等。

3. 室外检测的对象主要是工程实体，如路基路面的质量、桥梁的质量等。

考点九：仪器、设备的使用规范

1. 仪器、设备的安装，应符合有关安全技术标准，电动设备应有良好的接地装置，并经检查确认后方可使用；对于有飞溅情况的试验设备应设置有效防护，防止试件飞溅伤害人员及设备。

2. 仪器设备使用中，试验检测人员应熟悉设备仪具性能，严格遵守操作规程；操作人员不得擅自离开，防止安全事故的发生；操作中若发现设备仪具运转异常，或有异味，或遇停电、停水、漏油、漏水时，应立即停机，切断电源、水源，属故障停机时应排除故障。

3. 加强仪器设备检查维护保养及维修，确保其使用时性能稳定、示值准确。

考点十：危险化学品安全管理

依据《危险化学品安全管理条例》第二十四条的规定，危险化学品应当储存在专用储藏室内，由专人负责管理；剧毒化学品以及存储数量构成重大危险源的其他危险化学品，应当在专用仓库内单独存放，实行双人收发、双人保管制度。

考点十一：现场检测及临时设施的安全管理

1. 在开放交通的道路上进行检测作业时，除在距离检测现场一定距离的地方设置安全警示标志外，检测人员须身穿安全防护服。

2. 桥梁、码头、船闸等结构物现场检测所使用的机械设备、机具、配件应当对其安全性进行检测，其应有检验合格证明；施工现场安装、拆卸自升式架设施必须有相应的资质单位承担；设施安装完毕后应需进行自检。

检验检测机构对检测合格的自升式架设设施，应当出具安装合格证明文件，并对检测结果负责。

3. 试验检测临时用房要符合安全使用的要求，使用的装配式活动房屋应具有产品合格证。

第八节　试验检测记录与报告管理要求

考点一：报告的分类和区别

1. 依据《公路水运试验检测数据报告编制导则》(JT/T 828—2019)要求，公路水运试验检测数据报告(以下简称数据报告)应格式统一、形式合规，宜采用信息化方式编制。

2. 根据检测目的和报告内容的不同，报告可分为检测类报告和综合评价类报告两类。

3. 检测类报告：以获得测试结果为目的，针对材料、构件、工程制品及实体的一个或多个技术指标进行检测而出具的数据结果和检测结论。

4. 综合评价类报告：以获得新建及既有工程性质评价结果为目的，针对材料、构件、工程制品及实体的一个或多个技术指标进行检测而出具的数据结果、检测结论和评价意见。

考点二：报告和记录表的组成部分及要求

1. 记录表应信息齐全、数据真实可靠，具有可追溯性。

2. 记录表由标题、基本信息、检测数据、附加声明、落款五部分构成。

3. 报告应结论准确、内容完整，是检测工作的最终产品，反映检测机构的管理水平、检验能力和工作质量。

4. 合格的报告应编写规范、内容完整，数据、图片、术语准确无误，判定科学、公正、明确。

5. 检测类报告由标题、基本信息、检测对象属性、检测数据、附加声明、落款六部分构成。

6. 结合评价类报告由封面、扉页、目录、签字页、正文、附件六部分组成，其中目录部分、附件部分可根据实际情况删减。

考点三：记录表标题部分

标题部分位于记录表上方，用于表征其基本属性。标题部分由记录表名称、唯一性标识编码、检测单位名称、记录编号和页码等内容组成。固定格式分三行，第一行是页码，第二行是记录表名称和记录表唯一性标识编码，第三行是检测单位名称和记录编号。

考点四：记录表唯一性标识编码的组成

1. 唯一性标识编码

(1)唯一性标识编码是用于管理记录表格式的编码，具有唯一性，与记录表名称同处一行，靠右对齐。记录表唯一性标识编码由 9 位或 10 位字母和数字组成，其结构见图 3-1。

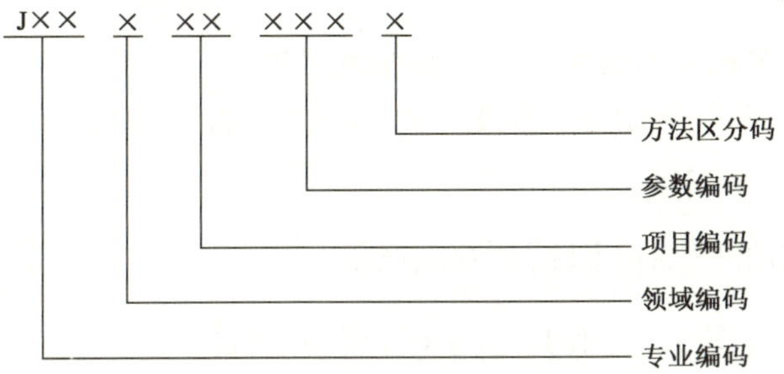

图 3-1　记录表唯一性标识编码结构示意图

(2)专业编码：由 3 位大写英文字母组成，J 代表记录表，第 2、3 位字母用于区分专业类别，GL 表示公路工程专业、SY 表示水运工程专业。

(3)领域编码：由 1 位大写字母组成，Q 为工程材料与制品，P 为工程实体与结构，Z 为工程环境及其他。

(4)项目编码：由 2 位数字组成，为 JT/T 1181—2018 项目代码的后两位。如"土"项目编码为 01。

(5)参数编码：由 3 位数字组成，参数代码的后三位。如公路工程中"颗粒组成"为 004。

(6)方法区分码：由 1 位小写英文字母组成，可省略。

2. 唯一性标识编码

由 9 位或 10 位字母和数字组成，位数不同就在于方法区分码的取舍上。

3. 基本信息部分

包括工程名称、工程部位/用途、样品信息、试验检测日期、试验条件、检测依据、判定依据、主要仪器设备名称和编号。

4. 检验数据部分

(1)应包括原始观测数据、数据处理过程与方法、试验结果等。

(2)手工填写的应如实、完整记录，如需修改，应杠改并在修改处签字。

5. 附加声明部分

(1)对试验检测的依据、方法、条件等偏离情况的说明；

(2)其他见证方签认,如监理旁站签字;

(3)其他需要补充说明的事项;

(4)工地试验室记录表的附加声明还可用于见证人员签字。

6. 落款部分

(1)由"检测""记录""复核""日期"四部分组成。

(2)日期为记录表的复核时间:以"YYYY年MM月DD日"的形式表示,如"2020年04月30日"。

考点五:报告标题部分编制要求(注意与记录表的异同)

1. 由报告名称、唯一性标识编码、检测单位名称、专用章、报告编号、页码组成。

2. 三行固定格式组成,第一行是页码,第二行是报告名称和报告唯一标识性编码,第三行是检测单位名称和编号。

3. 报告名称:项目名称+参数名称+试验检测报告。

4. 专用章:包括检测专用印章、等级专用标识章(若有规定时)、资质认定标志(必要时)等。

考点六:报告的唯一性标识编码的组成

1. 唯一性标识编码(图3-2):由10位字母和数字组成。

(1)专业编码+领域编码+项目编码+格式区分码+类型识别码;

(2)专业编码:由3位大写英文字母组成,第一位字母B代表报告,GL代表公路工程专业,SY代表水运工程专业;

(3)领域编码:由1位大写英文字母组成;

(4)项目编码:由2位数字组成;

(5)格式区分码:由3位数字组成,采用001~999形式,由检测单位自行制定;

(6)类型识别码:F表示检测类报告,H表示综合评价类报告。

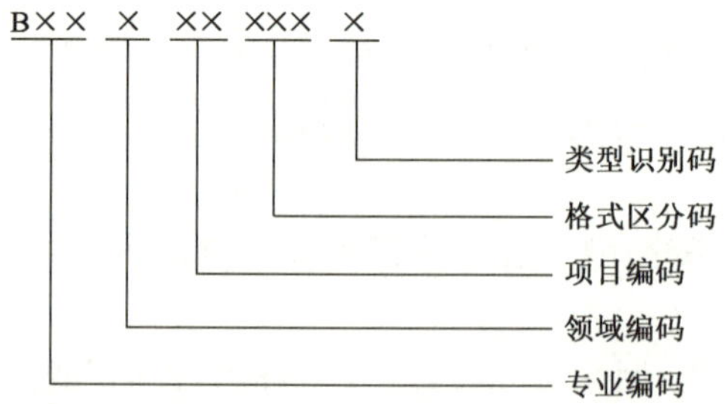

图3-2 报告的唯一性标识编码结构示意图

2. 基本信息部分:包含施工/委托单位、工程名称、工程部位/用途、样品信息、检测依据、判定依据、主要仪器设备名称及编号信息。

3. 检测对象属性部分。

(1)应包括基础资料、测试说明、制样情况、抽样情况。

(2)对检测结果有效性和可追溯性的重要影响的被检对象或测试过程中所特有的信息,

宜在检验对象属性部分表述,可为时间信息、抽样信息、材料或生产信息、材料配合比信息等。

4. 检测数据部分。

(1)相关内容来源于记录表,应包括检测项目、技术要求/指标、检测结果、检测结论等内容及反映检测结果与结论的必要图表信息。

(2)检测结论应包含根据判定依据做出的符合或不符合的相关描述。如需要对检测对象质量做出判断时,还应包含判定信息。

5. 附加声明部分。

(1)可用于对试验检测的依据、方法、条件等偏离情况的声明;

(2)对报告使用方式和责任的声明;

(3)报告出具方联系信息;

(4)其他需要补充说明的事项。

6. 落款部分。

落款部分由检测、审核、批准、日期部分组成。检测、审核、批准应签署实际承担相应工作的人员姓名,日期为报告的批准日期,以"YYYY 年 MM 月 DD 日"的形式表示,如"2020 年 04 月 30 日"。

考点七:审核人、签字人等的相关权限要求

1. 批准(签发)人应具备试验检测师资格,同时为授权签字人。

2. 报告应由试验检测师审核、批准。审核人应当是签字领域的持证试验检测师,报告批准人应当是持证试验检测师,且在授权的能力范围内签发检测报告。

3. 信息化报告可用数字签名。

考点八:综合评价类报告的编制要求

1. 由封面、扉页、目录、签字页、正文、附件六部分组成。目录和附件可删减。

2. 唯一性标识编码的类型识别码为"H"。

3. 检测项目宜采用"项目名称 + 参数名称"。

4. 检测类别:根据工作方式和目的,可分为委托送样检测、见证取样检测、委托抽样检测、质量监督检测、仲裁检测及其他。

5. 检测数据分析:是综合评价类报告的重要内容,是检测结果及建议解释主要依据。

6. 结论与分析评估:是综合评价类报告的重中之重,应包括检测数据分析结果汇总,检测结果与设计值、理论值、标准值、历次检测结果的对比结论,结果原因分析和评估。

考点九:数据报告的信息化管理

1. 记录表的信息化编制功能。

2. 检测数据部分,可以通过手工录入或自动传输至系统。原始观测数据记录分为以下四种情况:①手工记录;②自动打印;③自动采集;④电子数据。

3. 附加声明相关信息手工录入。

4. 落款部分,检测、记录复核由具有权限的人员手签或采用数字签名。

第四章　公路水运工程试验检测人员考试管理

第一节　公路水运工程试验检测人员考试制度发展历程

略。

第二节　试验检测人员职业资格考试专业及科目设置

考点一：专业及科目设置

1.《公路水运工程试验检测专业技术人员职业资格制度规定》（以下简称《职业资格制度规定》）第4条规定：公路水运工程试验检测人员职业资格包括道路工程、桥梁隧道工程、交通工程、水运结构与地基、水运材料5个专业，分为助理试验检测师和试验检测师2个级别。助理试验检测师和试验检测师职业资格实行考试的评价方式。

2.《职业资格制度规定》第19条规定：公路水运工程试验检测职业资格证书实行登记制度，登记具体工作由交通运输部职业资格中心负责，登记情况应向社会公布。

考点二：公路水运工程试验检测职业资格考试科目设置及周期管理

1. 公路水运工程助理试验检测师和试验检测师职业资格考试，统一大纲、统一命题、统一组织。《公路水运工程试验检测专业技术人员职业资格考试实施办法》（以下简称《考试实施办法》明确，公路水运工程助理试验检测师、试验检测师均设公共基础科目和专业科目，专业科目为《道路工程》《桥梁隧道工程》《交通工程》《水运结构与地基》和《水运材料》。公共基础科目考试时间为120分钟，专业科目考试时间为150分钟。

2. 公路水运工程助理试验检测师、试验检测师考试成绩均实行2年为一个周期的滚动管理。

3. 在连续2个考试年度内，参加公共基础科目和任一专业科目的考试并合格，可取得相应专业和级别的公路水运工程试验检测专业技术人员职业资格证书。其中，持有原试验检测工程师证书的人员参加考试的，免考公共基础科目。

考点三：试验检测人员新旧证书的法律效力

1.《交通运输部办公厅关于做好当前公路水运工程试验检测工作有关事项的通知》（交办

安监函〔2017〕1124号）明确持有原试验检测工程师和试验检测员资格证书，并按规定完成继续教育的检测人员，其受聘的检验检测机构申请等级评定或换证复核时，视同相应级别和专业的持证人员。原试验检测工程师证书效用等同于试验检测师证书，原试验检测员证书效用等同于助理试验检测师证书。

2. 当多项专业对应一项国家职业资格证书专业时，持多项专业中的单项专业证书的，在等级评定或换证复核中等同于相应国家职业资格证书专业。

第三节　试验检测人员职业资格考试管理

考点一：助理试验检测师、试验检测师的报考条件

1.《职业资格制度规定》指出，公路水运工程助理试验检测师和试验检测师职业资格考试的报名人员，必须遵守国家法律、法规，恪守职业道德，并符合一定的基本条件，方可申请参加相应级别职业资格考试。

2. 符合表4-1所列条件之一者，可报考公路水运工程助理试验检测师职业资格考试。

助理试验检测师报名条件　表4-1

学历要求	从事公路水运工程试验检测专业工作年限
高中或中专	累计工作满4年
工学、理学、管理学大专	累计工作满2年
工学、理学、管理学本科及以上	工作当年
非工学、理学、管理学	相应工作年限加1年

3. 符合表4-2所列条件之一者，可报考公路水运工程试验检测师职业资格考试。

试验检测师报名条件　表4-2

学历要求	从事公路水运工程试验检测专业工作年限
高中或中专	有助理试验师证后6年
工学、理学、管理学大专	累计工作满6年
工学、理学、管理学本科及以上	累计工作满4年
工学、理学、管理学双学士或研究生班	累计工作满2年
工学、理学、管理学硕士	累计工作满1年
工学、理学、管理学博士	工作当年
非工学、理学、管理学	相应工作年限加1年

考点二：助理试验检测师的职业能力

《职业资格制度规定》第16条规定：取得公路水运工程助理试验检测师职业资格证书的人员，应当具备的职业能力：

（1）了解公路水运工程行业管理的法律法规和规章制度，熟悉公路水运工程试验检测管

理的规定和实验室管理体系知识;

(2)熟悉主要的工程技术标准、规范、规程;掌握所从事试验检测专业方向的试验检测方法和结果判定标准,较好识别和解决试验检测专业工作中的常见问题;

(3)独立完成常规性公路水运工程试验检测工作;

(4)编制试验检测报告。

考点三:考试违规处理规定

1. 对提供虚假证明材料或者以其他不正当手段取得相应证书的,由证书签发机关宣布证书无效,收回证书,并依照本规定第七条处理。对其中涉及职业准入资格的人员,3 年内不得参加该项资格考试。

2. 代替他人参加考试的,2 年内不得参加各类专业技术人员资格考试。

第五章　检验检测机构资质认定管理

第一节　《认证认可条例》简介

考点一：认证和认可的定义和区别

1. 认证，是指由认证机构证明产品、服务、管理体系符合相关技术规范、相关技术规范的强制性要求或者标准的合格评定活动。

2. 认可，是指由认可机构对认证机构、检查机构、实验室以及从事评审、审核等认证活动人员的能力和执业资格，予以承认的合格评定活动。

考点二：负责部门、认证认可原则和保密要求

第 4 条　国家实行统一的认证认可监督管理制度。由国务院认证认可监督管理部门统一管理、监督和综合协调。

第 6 条　认证认可活动应当遵循客观独立、公开公正、诚实信用原则。

第 8 条　从事认证认可活动的机构及人员，对其所知悉的国家秘密和商业秘密负有保密义务。

考点三：对认证机构、人员的要求及相关罚则

第 9 条　取得认证机构资质，经国务院认证认可监督管理部门批准，在批准范围内从事认证活动。未经批准，任何单位和个人不得从事认证活动。

第 13 条　认证机构不得与行政机关，与认证委托人存在资产、管理方面的利益关系。不得接受任何影响认证客观公正的资助，不得从事任何影响客观公正的产品开发、营销活动。

第 14 条　认证人员应在一个认证机构执业，不得同时在两个以上认证机构执业。

第 62 条　认证人员不在认证机构执业或同时在两个以上执业，责令改正，停止执业 6 个月以上 2 年以下，仍不改正的，撤销执业资格。

第 28 条　国家对必须经过认证的产品，统一产品目录、统一技术规范的强制性要求、标准和合格评定程序，统一标志，统一收费标准。

考点四：认证机构需满足的条件和承担的责任

第 31 条　国务院认证认可监督管理部门指定从事认证活动的认证机构及有关实验室，应当是长期从事相关业务，无不良记录，且已经取得认可、具备从事相关认证活动能力的机构。

国务院认证认可监督管理部门指定从事列入目录产品认证活动的认证机构,应当确保在每一列入目录产品领域至少指定两家符合本条例规定条件的机构。

第 32 条　国务院认证认可监督管理部门应当公布指定的认证机构、实验室名录及指定的业务范围。

第 34 条　指定的认证机构不得向其他机构转让指定的认证业务。

第 37 条　认证机构、检查机构、实验室可以通过认可机构的认可,以保证其认证、检查、检测能力持续、稳定地符合认可条件。

考点五:认可流程及证书内容

第 43 条　认可机构应在公布时间内完成评审,做出是否给予认可的决定,对认可过程作出完整记录,归档留存,并对认可结论负责。

认可机构应向取得认可的认证机构、检查机构、实验室颁发认可证书,公布名录。

第 45 条　认可证书应当包括认可范围、认可标准、认可领域和有效期限。

考点六:对认可机构的监管及罚则

第 46 条　取得认可的机构应在认可范围内使用认可证书和标志,不当使用的,认可机构应当暂停其使用直至撤销认可证书,并予公布。

第 50 条　国务院认证认可监督管理部门可以采取组织同行评议,向被认证企业征求意见,对认证活动和结果进行抽查。

第 52 条　认可机构应定期向国务院认证认可监督管理部门提交报告,并对真实性负责。报告应对认可机构执行认可制度情况、从事认可活动的情况、从业人员的工作情况作出说明。

第 56 条　未经批准从事认证活动的,予以取缔,处 10 万元以上 50 万元以下罚款,有违法所得的,没收违法所得。

第 59 条　认证机构有下列情形之一的,责令改正,处 5 万元以上 20 万元以下罚款,没收违法所得;情节严重的,责令停业整顿,直至撤销批准文件,并予公布:

(1)超出批准范围从事认证活动的;

(2)增加、减少、遗漏认证基本规范、认证规则规定的程序的;

(3)未对其认证的产品服务管理体系实施有效的跟踪调查,或者发现其认证的产品、服务、管理体系不能持续符合认证要求,不及时暂停其使用或撤销认证证书并予公布的;

(4)聘用未经认可机构注册的人员从事认证活动的。

第 61 条　认证机构出具虚假认证结论、或认证结论严重失实,撤销批准文件,并予公布;直接主管人员或有直接责任的认证人员,撤销执业资格;构成犯罪的,依法追究刑事责任;造成损害的,认证机构应当承担相应赔偿。

考点七:对从业人员的相关罚则

1. 被撤职或者解聘的认可机构主要负责人和负有责任的人员,自被撤职或者解聘之日起 5 年内不得从事认可活动。

2. 认证人员自被撤销执业资格之日起 5 年内,认可机构不再受理其注册申请。

第二节　检验检测机构资质认定管理工作涉及法规及有关配套文件解读

一、《检验检测机构资质认定管理办法》政策解读

考点一：修改背景

2021 年在全国范围内推行检验检测机构资质认定告知承诺制，全面推行检验检测机构资质认定网上审批。

考点二：修改内容

内容主要涉及告知承诺制度、实施范围、优化服务、固化疫情防控措施等四个方面：

(1)明确资质认定事项实行清单管理的要求。

(2)明确实施告知承诺的程序和要求。

(3)固化优化准入服务便利机构的措施。

(4)固化疫情防控长效化措施

二、关于实施《检验检测机构资质认定管理办法》的若干意见解读

考点三：资质认定实施范围

按照"法无授权不可为"的法治原则，向社会出具具有证明作用的数据和结果的检验检测机构，应当依法经国家认证认可监督管理部门(以下简称国家认监委)或者各省、自治区、直辖市人民政府质量技术监督部门(市场监督管理部门)(以下简称省级资质认定部门)资质认定(计量认证)

考点四：准入条件

1. 凡是依法设立的法人和其他组织，其依法注册、登记的经营范围或者业务范围包括检验检测，并且能够独立、公正从业的，均可申请检验检测机构资质认定。

其他组织包括：依法取得工商行政机关颁发的《营业执照》的企业法人分支机构、特殊普通合伙企业、民政部门登记的民办非企业单位(法人)等符合法律法规规定的机构。

2. 若检验检测机构是机关或者事业单位的内设机构，不具备法人资格，可由其法人授权，申请检验检测机构资质认定。

3. 生产企业内部的检验检测机构不在检验检测机构资质认定范围之内。生产企业出资设立的具有法人资格的检验检测机构可以申请检验检测机构资质认定。

4. 取消"在华设立外资检验检测机构的外方投资者，需要具有 3 年以上检验检测从业经历"的准入规定。

考点五:检验检测机构资质认定分级实施

1. 国家认监委负责国务院有关部门以及相关行业主管部门依法设立的检验检测机构资质认定工作,包括四类机构:一是经国家事业单位登记管理局登记的事业单位法人;二是经国家工商总局登记注册或者核准名称的企业法人;三是国务院有关部门以及相关行业主管部门直属管辖的机构;四是国务院有关部门、相关行业主管部门、相关行业协会根据需要,与国家认监委共同确定纳入国家级资质认定管理范围的机构。

2. 检验检测机构根据业务发展需要,在异地依法设立的分支机构(含分公司、子公司等),应当向分支机构所在地省级资质认定部门申请检验检测机构资质认定。

考点六:检验检测机构资质认定技术评审

1. 检验检测机构资质认定的技术评审资质认定部门应当自受理申请之日起,30个工作日内完成技术评审工作。资质认定部门委托专业技术机构组织实施技术评审工作的,应当与被委托机构签订委托协议。

2. 资质认定部门应当根据检验检测机构的申请事项、自我声明和分类监管情况,确定复查换证评审方式,减少不必要的现场评审;对检验检测机构依法设立的分支机构,可以根据具体情况简化文件审查、减少现场评审内容,采信相关评价结果,避免重复评审。

考点七:检验检测人员的有关要求

检验检测机构授权签字人应当具有中级及以上技术职称或者同等能力,“博士研究生毕业,从事相关专业检验检测工作1年及以上;硕士研究生毕业,从事相关专业检验检测工作3年及以上;大学本科毕业,从事相关专业检验检测工作5年及以上;大学专科毕业,从事相关专业检验检测工作8年及以上”可视为具有同等能力。

考点八:检验检测报告或者证书的责任

取得检验检测机构资质认定的机构对其出具的检验检测报告或者证书负责,并承担相应法律责任。检验检测机构因自身原因导致检验检测结果错误、偏离或者其他后果的,应当自行承担相应解释、召回或者赔偿责任。

考点九:检验检测机构资质认定标志、检验检测专用章的规定

检验检测机构在资质认定证书确定的能力范围内,对社会出具具有证明作用的数据、结果时,应当标注检验检测机构资质认定标志,并加盖检验检测专用章。

检验检测机构资质认定标志加盖(或者印刷)在检验检测报告或者证书封面,颜色建议为红色、蓝色或者黑色。检验检测专用章加盖在检验检测报告封面的机构名称位置或者检验检测结论位置,骑缝位置也应加盖。

检验检测机构为科研、教学、内部质量控制等活动出具检验检测数据、结果时,在资质认定证书确定的检验检测能力范围内的,出具的检验检测报告或者证书上可以不标注检验检测机构资质认定标志;在资质认定证书确定的检验检测能力范围外的,出具的检验检测报告或者证

书上不得标注检验检测机构资质认定标志。

考点十：检验检测机构资质认定的监督管理

国家认监委在组织实施国家级检验检测机构资质认定的监督检查时，可以采取三种方式：一是委托行业检验检测机构资质认定评审组，组织实施相关行业领域国家级检验检测机构资质认定的监督检查；二是委托直属出入境检验检疫局组织实施检验检疫系统检验检测机构资质认定的监督检查；三是直接组织实施检验检测机构资质认定监督检查。

考点十一：关于检验检测机构资质认定分类监督管理

1. 根据风险程度分类监管

(1)涉及安全的领域，例如食品安全、信息安全、环境安全、建筑安全等领域；

(2)涉及司法鉴定、质量仲裁等领域；

(3)涉及民生、公益和消费者利益的领域，如装饰装修材料检验、机动车安全技术检验等领域。

资质认定部门应对从事上述领域工作的检验检测机构重点关注。

2. 根据自我声明进行监管

鼓励检验检测机构通过自我声明，对有关质量体系的有效运行、技术能力的变更、分支机构的设立和运行等进行自我承诺，资质认定部门可以先期信任此类承诺，减少或者不进行现场评审。

3. 根据举报投诉进行监管

4. 其他监管方式

资质认定部门还应通过检验检测机构年度报告、“双随机”抽查、专项监督检查、能力验证、统计制度或者利用国家认可机构的监督结果等其他监督管理方式，形成全国互联互通的监督管理模式。

考点十二：检验检测机构资质认定能力验证的规定

资质认定部门应有组织、有计划、有重点地开展能力验证或者比对活动。

检验检测机构参加资质认定部门组织开展的能力验证或者比对活动，经初测和补测，能力验证结果不满意，技术能力不能满足资质认定要求的，检验检测机构应当及时按照资质认定部门的要求进行整改，整改后仍不满足要求的，资质认定部门应当对其资质能力范围进行调整。

第三节　《检验检测机构监督管理办法》解读

考点一：责任与工作原则

第 5 条　检验检测机构及其人员应当对其出具的检验检测报告负责，依法承担民事、行政和刑事法律责任。

第 6 条　检验检测机构及其人员从事检验检测活动应当遵守法律、行政法规、部门规章的规定,遵循客观独立、公平公正、诚实信用原则,恪守职业道德,承担社会责任。

检验检测机构及其人员应当独立于其出具的检验检测报告所涉及的利益相关方,不受任何可能干扰其技术判断的因素影响,保证其出具的检验检测报告真实、客观、准确、完整。

考点二:人员要求与检测要求

第 7 条　从事检验检测活动的人员,不得同时在两个以上检验检测机构从业。检验检测授权签字人应当符合相关技术能力要求。

第 8 条　检验检测机构应当按照国家有关强制性规定的样品管理、仪器设备管理与使用、检验检测规程或者方法、数据传输与保存等要求进行检验检测。

考点三:分包要求

第 10 条　需要分包检验检测项目的,检验检测机构应当分包给具备相应条件和能力的检验检测机构,并事先取得委托人对分包的检验检测项目以及拟承担分包项目的检验检测机构的同意。

检验检测机构应当在检验检测报告中注明分包的检验检测项目以及承担分包项目的检验检测机构。

考点四:用章及资料存档

第 11 条　检验检测机构应当在其检验检测报告上加盖检验检测机构公章或者检验检测专用章,由授权签字人在其技术能力范围内签发。

第 12 条　检验检测机构应当对检验检测原始记录和报告进行归档留存。保存期限不少于 6 年。

第 13 条　检验检测机构不得出具不实检验检测报告。

第 14 条　检验检测机构不得出具虚假检验检测报告。

考点五:保密和自我声明

第 15 条　检验检测机构及其人员应当对其在检验检测工作中所知悉的国家秘密、商业秘密予以保密。

第 16 条　检验检测机构应当在其官方网站或者以其他公开方式对其遵守法定要求、独立公正从业、履行社会责任、严守诚实信用等情况进行自我声明,并对声明内容的真实性、全面性、准确性负责。

考点六:监督管理部门的职权

第 20 条　市场监督管理部门可以依法行使下列职权:

(1)进入检验检测机构进行现场检查;

(2)向检验检测机构、委托人等有关单位及人员询问、调查有关情况或者验证相关检验检测活动;

(3)查阅、复制有关检验检测原始记录、报告、发票、账簿及其他相关资料;

(4)法律、行政法规规定的其他职权。

第四节　《检验检测机构资质认定评审准则》及其条文释义介绍

考点一:《检验检测机构资质认定评审准则》4 个附件

(1)现场评审工作程序。

工作流程包括:材料审查,下发现场评审通知,现场评审前准备,实施现场评审(预备会议,首次会议,检验检测机构场所考察,现场考核,现场提问,记录查证,现场评审记录的填写,现场座谈,检验检测能力的确定,评审组确认的检验检测能力的填写、评审组内部会,与检验检测机构的沟通,评审结论、评审报告,末次会议等),整改的跟踪验证,评审材料汇总上报,终止评审。

(2)书面审查工作程序。

工作流程包括:申请人的行为要求,变更评审,复查换证评审,扩项评审,特殊情形。

(3)远程评审工作程序。

基本同现场评审工作流程。

(4)一般程序审查(告知承诺核查)。

带"＊"条款共 5 条,涉及机构法律地位、人员隶属关系、检验检测场所、设备设施配备、检验检测方法等 5 个方面重点要求。

考点二:总则

第 1 条　检验检测机构资质认定行政许可的设定和实施依据为:《中华人民共和国计量法》《中华人民共和国产品质量法》《中华人民共和国食品安全法》《中华人民共和国计量法实施细则》《中华人民共和国认证认可条例》《医疗器械监督管理条例》。

第 3 条　本准则所称检验检测机构,是指依照《检验检测机构资质认定管理办法》的相关规定,依法成立,依据相关标准或者技术规范,利用仪器设备、环境设施等技术条件和专业技能,对产品或者法律法规规定的特定对象进行检验检测的专业技术组织。

第 6 条　资质认定技术评审工作应当坚持统一规范、客观公正、科学准确、公平公开、便利高效的原则。

考点三:评审内容与要求

第 7 条　资质认定技术评审内容包括:对检验检测机构主体、人员、场所环境、设备设施和管理体系等方面是否符合资质认定要求的审查。

第 9 条　检验检测机构应当具有与其从事检验检测活动相适应的检验检测技术人员和管理人员。包括最高管理者、技术负责人、质量负责人、检验检测人员、授权签字人等,并具有相关人员的任职文件和授权文件。

技术负责人:中级及以上相关专业技术职称或者具有同等能力。

授权签字人:a.熟悉相关法律、行政法规要求;b.具备相关专业检验检测的工作经历,熟悉签字领域的检验检测技术、相应标准或者技术规范;c.熟悉检验检测报告审核签发程序,具备对检验检测结果做出评价的判断能力;d.检验检测机构应正式授权其签发检验检测报告的职责和范围;e.具有中级及以上相关专业技术职称或者同等能力。

第10条　检验检测机构应当具有固定的工作场所,工作环境符合检验检测要求。

检验检测机构具有符合标准或者技术规范要求的检验检测场所,包括固定的、临时的、可移动的或者多个地点的场所。

当标准或者技术规范对环境条件有要求时,或环境条件影响检验检测结果质量时,应当对环境条件进行监测、控制和记录,保证其持续符合标准或者技术规范的要求。

当环境条件不利于检验检测的开展时,应停止检验检测活动,并经有效处置后,方可恢复检验检测活动。

第11条　检验检测机构租用、借用仪器设备开展检验检测时,应确保:a.有租用、借用合同,租用、借用期限不少于1年。b.对租用、借用的设备具有完全的使用权、支配权。

公路水运工程质量机构不得租用仪器设备开展试验检测活动。

仪器设备无法溯源到国家或国际测量标准时,测量结果应溯源至有证标准物质、公认的或约定的测量方法、标准,或通过机构间比对等途径,证明其测量结果与同类检验检测机构的一致性。

交通行业所使用的自动化检测设备尤其是进口设备设施出现无法溯源到国家或国际测量标准时,可以采取标准物质验证、比对(3台以上的设备)的措施进行校准。

第12条　首次申请资质认定的检验检测机构,建立和运行管理体系应不少于3个月。

(1)略。

(2)检验检测机构应当依法开展有效的合同审查。对相关要求、标书、合同的偏离、变更应当征得客户同意并通知相关人员。

(3)检验检测机构选择和购买的服务、供应品应当符合检验检测的工作需求。

供应品包括但不限于测量仪器、软件、测量标准、标准物质、参考数据、试剂、消耗品或辅助装置。

服务包括但不限于校准服务、抽样服务、检测服务、分包服务、设施和设备维护服务、能力验证服务以及评审和审核服务。

(4)检验检测机构能正确使用有效的方法开展检验检测活动。检验检测方法包括标准方法和非标准方法,应当优先使用标准方法。使用标准方法前应当进行验证;使用非标准方法前,应当先对方法进行确认,再验证。

(5)(6)略。

(7)检验检测机构应当对质量记录和技术记录的管理作出规定,包括记录的标识、贮存、保护、归档留存和处置等内容。记录信息应当充分、清晰、完整。检验检测原始记录和报告保存期限不少于6年。

(8)略。

(9)内部质量控制活动包括但不限于人员比对、设备比对、留样再测、盲样考核等。外部质量控制活动包括但不限于能力验证、实验室间比对等。

考点四：评审方式与程序

第 14 条　检验检测机构资质认定一般程序的技术评审方式包括：现场评审、书面审查和远程评审。

第 15 条　现场评审适用于首次评审、扩项评审、复查换证（有实际能力变化时）评审、发生变更事项影响其符合资质认定条件和要求的变更评审。现场评审结论分为“符合”“基本符合”“不符合”三种情形。

第 16 条　书面审查方式适用于已获资质认定技术能力内的少量参数扩项或变更（不影响其符合资质认定条件和要求）和上一许可周期内无违法违规行为、未列入失信名单且申请事项无实质性变化的检验检测机构的复查换证评审。书面审查结论分为“符合”“不符合”两种情形。

第 17 条　远程评审是指使用信息和通信技术对检验检测机构实施的技术评审。远程评审结论分为“符合”“基本符合”“不符合”三种情形。

第 19 条　告知承诺现场核查应当由资质认定部门组织实施，现场核查人员应当在规定的时限内进行核查并出具现场核查结论。核查结论分为：“承诺属实”“承诺基本属实”“承诺严重不实/虚假承诺”三种情形。

资质认定部门依据检验检测机构承诺直接作出行政许可决定，再于 3 个月内开展现场核查。

考点五：附则

第 21 条　本准则自 2023 年 12 月 1 日起施行。

第五节　检验检测机构资质认定其他相关认证认可行业标准介绍

一、《实验室信息管理系统管理规范》简介

考点一：实验室信息管理系统（LIMS）的定义

由计算机及其相关配套设备、设施（含网络）和软件构成，以实现实验室获得的数据和信息（包括计算机及非计算机系统保存的）管理，具有根据实验室管理规则对数据和信息进行采集、记录、报告、存储、传输、检索、统计、分析等处理功能。

考点二：对 LIMS 的总体要求

实验室应通过日常监控、内部审核、外部评审、管理评审等途径，核查 LIMS 及其辅助设备设施的安全性、适用性和先进性，应对 LIMS 建设、运行、维护和退役的风险和机遇，提高实验室管理效益和效率，从而持续满足相关法律法规、客户和管理机构的要求。

考点三:LIMS 的建设管理

1. LIMS 服务商应明确项目负责人,项目负责人应向实验室管理层报告开发过程中设计变更、开发进度预算控制等情况。

2. LIMS 的开发过程中,当涉及需求、合同、计划和关键开发人员变更时,LIMS 项目负责人应及时向实验室管理层提交书面报告,如涉及重大调整时,实验室管理层应组织专家就变更事宜进行论证。

考点四:LIMS 的人员和维护管理要求

1. 应建立和保持 LIMS 人员岗位授权机制

确保 LIMS 能够正确识别相应权限的操作人员。实验室尚保留线下管理时,应设置线上和线下人员岗位的对照关系,确保实验室活动的一致性和可追溯性。

2. 维护管理

进行维护以保证数据和信息完整。LIMS 维护包括适应性维护和改正性维护,其中适应性维护是指为了适应变化对系统运行环境所做的适当变更,改正性维护是指运行中发现了系统中的错误或潜在风险需要修正。

二、《能力验证计划的选择与核查及结果利用指南》简介

本标准给出了能力验证计划的选择、核查和结果利用指南,可为实验室开展质量控制提供指导。

考点五:管理和技术方面的风险

制定能力验证参加方案应重点考虑实验室可能存在的“管理和技术方面”的风险,包括但不限于以下内容:

(1)日常开展的检测或测量任务量;

(2)技术人员流动情况;

(3)计量溯源是否得到保证,如标准物质/标准样品是否可以获得;

(4)测量技术的稳定性;

(5)测量结果的重要程度,如司法鉴定结果要求较高的可信度;

(6)环境设施、仪器设备的变化情况。

考点六:样品类型和检测方法及相关信息

1. 参加者选择的能力验证计划中的样品应尽量与其日常检测/校准物品相同或类似,且具有大致相似的特性值(例如:化学领域里的浓度水平),使用的检测/校准方法应尽量与其日常使用的方法一致。

2. 参加者应可获取样品制备及其均匀性和稳定性等必要信息,包括样品制备、均匀性和稳定性检验的测量数据、取样方式、取样数量测量方法、评价方式。

考点七：结果的统计分析方法

1. 参加者宜通过数据直方图或核密度图核查结果分布是否对称，统计假设是否合理，是否存在异常（如双峰分布、离群值比例较大或异常偏倚）等。

2. 参加者结果分析统计方法：

（1）基于正态分布的经典统计方法在应用过程中受离群值的影响，可能导致经典统计方法失效，因此采用经典统计方法前通常应剔除离群值。

（2）为了减少离群值的影响，可根据能力验证计划的目的和参加者情况，采用不同的稳健统计方法。

考点八：不满意结果的处理

1. 当实验室在参加能力验证计划中结果为不满意且已不能符合认可项目依据的标准或规范所规定的判定要求时，应自行暂停在相应项目的证书/报告中使用认可标识，并按照实验室体系文件的规定采取相应的纠正措施，验证措施的有效性。在验证纠正措施有效后，实验室自行恢复使用认可标识。实验室应保存上述记录以备评审组检查。

2. 纠正措施有效性的验证方式包括：再次参加能力验证计划（包括测量审核）或通过评审组的现场评审。

三、《测量设备校准周期的确定和调整方法指南》简介

考点九：设备定期校准的目的

建立、保持和证明设备的计量溯源性；

更新设备测量结果的偏差及不确定度；

确定设备的计量特性是否发生变化。

考点十：设备初始校准周期的确定

参考计量检定规程（或校准规范）的规定、（所采用的）检测/校准方法的要求等信息。此外，还应综合考虑设备最大允许误差、测量所需的不确定度、预期使用的程度和频次、环境条件的影响等因素。

对于新设备，建议收集至少 3 次连续的校准数据，在此分析的基础上重新评估校准周期的规律。

考点十一：设备后续校准周期的确定

调整的判据：基于校准结果、基于期间核查结果。

调整的方法：简单反应调整法或增量反应调整法适用于未进行大修或更换的设备，进行过大修或更换的设备按新设备处理。期间核查法只适用于期间核查的针对性和有效性较强情况，若设备核查的范围远小于使用范围，则核查结果不宜作为机构调整后续校准周期的依据。

四、《检测和校准结果及与规范符合性的报告指南》简介

考点十二:检测和校准结果的报告

检测和校准结果通常分为数值型结果和非数值型结果两种类型。

数值型结果:需计算包含概率约为 95% 的扩展不确定度。测量结果及其扩展不确定度可按以下方式报告:

测量值:100.1(单位);扩展不确定度:0.1(单位);包含概率:95%。

考点十三:规范符合性的评价和报告

1. 对单一量的规范符合性报告

当规范规定的是一个由上限和下限组成的区间,只有在扩展不确定度的区间与规范限值的区间中的比例合理地小并满足需求的情况下,才可作出符合或不符合报告。

当作出规范符合性的报告时,需明确地向客户说明扩展不确定度的包含概率。一般采用包含概率为 95% 的扩展不确定度。

2. 对多个量的要求或规范符合性报告

如果规范符合性评价包含多个量(和/或被测量),需单独评价每一个测量值。对每个评价结果进行报告。

对要求或规范符合性综合评价可以用以下 3 种方式之一进行表述:

所有测量值均符合规范的情况时,在报告中表述为“所有测量值均符合规范限值”或“物品/样品符合要求”。

部分测量值不能作出符合或不符合规范的情况时,在报告中表述为“部分测量值不可能作出规范符合性报告”。

一个或多个测量值不符合规范的情况时,在报告中表述为“部分测量值不符合规范限值”或“物品/样品不符合要求”。

做总体评价时,需要说明扩展不确定度的包含概率。

考点十四:适用范围

该标准仅适用于测量结果的不确定度是按《测量不确定度　第 3 部分:测量不确定度表述指南》(ISO/IEC-98-3)规定的方法评估的情况。

五、《检测实验室仪器设备计量溯源结果确认指南》简介

考点十五:适用范围

该标准适用于检测实验室对仪器设备计量溯源结果进行确认。该标准的仪器设备不包括标准物质、软件等。

考点十六:校准/检定证书的确认

确认内容包括但不限于:①校准/检定机构资格;②校准/检定机构的测量能力;③满足检

测机构要求;④校准结果或检定结论的确认。

考点十七:计量溯源结果的符合性确认

如仪器设备的准确度等级优于检测方法的规定或预期的计量要求,评价时既可以用仪器设备的校准规范或检定规程为依据,也可用实验室预期使用的计量要求为依据;

仪器设备某些指标或某些测量范围不符合检定规程或校准规范,但它不在实验室的使用范围之内,而实验室所使用的技术要求和量程都符合要求,仍可评价判定其为符合计量要求。

有些仪器设备计量溯源结果可能不符合实验室预期使用的计量要求,但可应用修正值或修正因子,此时,只要其修正后的计量溯源结果符合实验室预期使用的计量要求,仍然可判定为符合计量要求。

考点十八:计量溯源结果确认的记录

检测实验室应保留计量溯源结果确认的记录,计量溯源结果确认过程应注明日期并由授权人审查批准,以证明结果的有效性。计量溯源确认记录可以使用电子载体、纸质载体以及其他载体形式。

第六节　管理体系文件编写要点

考点一:管理体系的基本概念和作用

1.“管理体系”是指为建立方针和目标并实现这些目标的体系。包括质量管理体系、行政管理体系和技术管理体系。质量管理包括技术管理和服务管理,主要起着策划、组织、控制(监督、检查)、持续改进的作用。

2. 管理体系的运作包括体系的建立、体系的实施、体系的保持和体系的改进。

3. 检验检测工作是技术性很强的工作,它是检验检测工作的主干线,质量管理体系与技术工作的关系是:质量管理体系是技术规范正确运行的保证,是技术运行的补充,而不是替代。

4. 在建立和完善管理体系的过程中,特别是在规定部门或岗位职责,设计检验检测工作程序时,要充分考虑到各部门之间、岗位之间的相互监督,以保证检验检测工作的公正性和独立性。所有人员的职责包括管理人员、技术人员,尤其是对检验检测工作质量有影响的人员在实现管理体系质量目标的职责、录用条件都应明确。通过培训、宣贯、内部沟通等形式让每位成员明确自身工作的重要性及与其工作的相关性,确保文件的执行,相互配合、实现组织的质量目标。明确其组织和管理结构、所在法人单位中的地位,以及质量管理,技术运作和支持服务之间的关系。

考点二:管理体系文件的构成及相互关系

管理体系是将其体系组织结构、程序、过程、资源等过程要素文件化,其文件的构成可分为四部分:质量手册、程序文件、作业指导书、质量和技术记录。管理文件从第一层次到第四层次内容逐渐具体详细,下层文件支持上层,上下层相互支持、衔接,内容要求一致,下层文件是对上层文件的补充和具体化。

考点三:《作业指导书》的定义、作用和范围

1.《作业指导书》是规定质量基层活动途径的操作性文件,其对象是具体的作业活动。内容包括检测方法、抽样标准和方法(必要时)、测量不确定度评定范围或仪器设备的操作规程、期间核查方法等技术作业文件。检验检测机构作业指导书,检验检测机构至少应制定以下四方面的作业指导书。

(1)方法方面:对规范标准中试验方法的补充或说明,用以指导检测过程。

(2)设备方面:设备的使用、操作、维护保养、内部校准、期间核查等方面的规程。

(3)样品方面:包括样品的准备、制备、处置规则。

(4)数据方面:检测数据有效值、修约值、异常值的处理,数据计算与统计、结果的不确定度评定等。

2. 当具体技术操作人员阅读原版外文资料(如仪器设备操作说明书)有困难时,经翻译编成中文受控使用,属于指导书的范围。

考点四:作业指导书的内容

1. 作业指导书是检测、检验活动的技术作业指导文件,包括了检测、检验方法、抽样标准和方法(必要时)、测量不确定度评定范围或仪器设备的操作规程、期间核查方法等技术作业文件。

2. 大多数交通行业规范、标准具有很强的操作性,无须再编制作业指导书;但当易产生理解差异时,需作业指导书进一步说明。并非每一项工作或程序文件均需编制指导书,只有在缺少时可能影响检测校准结果才编制。

考点五:其他质量文件的内容与要求

其他质量文件包括记录、表格、报告、文件。记录一般分为管理记录和技术记录两大类。管理记录指检验检测机构管理体系活动中所产生的记录;技术记录是进行检测所得的数据和信息的积累,也是检测是否达到规定的质量或过程所表明的信息。

考点六:记录的管理

1. 建立保持有关记录的标识,收集、编目、查阅、归档、储存、保管、回收和处理的文件程序,有永久保存价值的记录,应整理成档案,长期保管,如工程质量试验检测资料,有合同要求时,记录的保存期限按照合同要求;无合同要求时,保存期限不得少于产品的寿命期或责任期;对过期或作废记录的处理方法。

2. 记录出现误记,应遵循记录的更改原则采用杠改法,不得涂改,被更改的原记录内容应清晰可见,更改处应有更改人的签字或盖章。一般情况,检测记录的更改应为试验检测人。

第七节　实验室认可基础知识介绍

一、相关基础知识

考点一:认可的概念

认可,是正式表明合格评定机构具备实施特定合格评定工作能力的第三方证明。通俗地讲,认可是指认可机构按照相关国际标准或国家标准,对从事认证、检测和检验等活动的合格评定机构实施评审,证实其满足相关标准要求,进一步证明其具有从事认证、检测和检验等活动的技术能力和管理能力,并颁发认可证书。

考点二:认可的类别

一般情况下,按照认可对象的分类,认可分为认证机构认可、实验室及相关机构认可和检验机构认可等。

考点三:认可的作用和特征

1. 认可的作用

(1)在能力评价方面:证实合格评定机构具备实施特定合格评定的能力。

(2)在政府监管方面:增强政府使用认证、检测和检验等合格评定结果的信心,减少做出相关决定的不确定性和行政许可中的技术评价环节,降低行政监管风险和成本。

2. 认可的特征(图5-1)

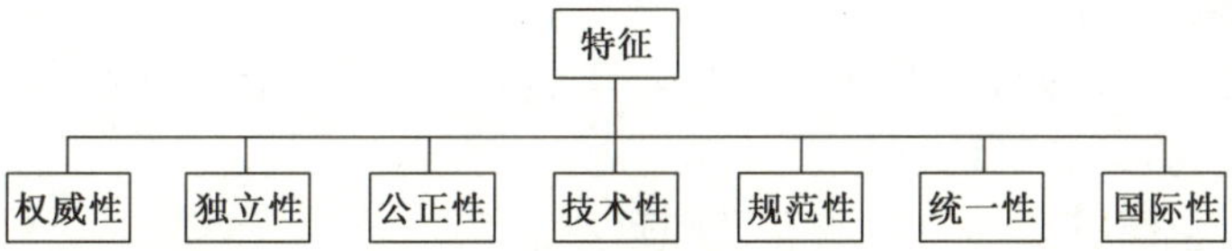

图5-1　认可的特征

考点四:认证与认可的区别

认证与认可是合格评定链中的不同环节,认证是对组织的体系、产品、人员进行的第三方证明,而认可是对合格评定机构能力的证实,二者不能互相替代。如果认证证书带有认可标识,表明认证的结果更加可信,可以有效提高消费者的购买信心。

考点五:认可与行政许可的区别

行政许可的执行主体是国家行政机关,依据的是国家法律、法规或规章,并对公民、法人或者其他组织从事特定活动的行为予以批准。根据需要,某一行政许可制度可以将合格评定机构获得认可资格作为行政许可批准的一个必要条件。

二、《检测和校准实验室能力的通用要求》简介

考点六:保密性要求

实验室对于从客户以外的渠道(如投诉人、监管机构)所获取的有关客户的信息,应在客户和实验室间保密。除非信息的提供方同意,实验室应为信息提供方(来源)保密,且不应告知客户。

考点七:结构要求

1. 实验室应为法律实体,或法律实体中被明确界定的一部分,该实体对实验室活动承担法律责任。

2. 实验室应确定对实验室全权负责的管理层。

3. 实验室应:

(1)确定实验室的组织和管理结构,其在母体组织中的位置,以及管理,技术运作和支持服务间的关系;

(2)规定对实验室活动结果有影响的所有管理、操作或验证人员的职责、权力和相互关系;

(3)将程序形成文件,其详略程度需确保实验室活动实施的一致性和结果有效性。

考点八:实验室管理层的职责

1. 就管理体系的有效性、满足客户和其他要求的重要性进行沟通。

2. 当策划和实施管理体系变更时,保持管理体系的完整性。

考点九:人员要求

1. 实验室管理层应向实验室人员传达其职责和权限。

2. 实验室应授权人员从事特定的实验室活动,包括但不限于下列活动:

(1)开发、修改、验证和确认方法;

(2)分析结果,包括符合性声明或意见和解释;

(3)报告、审查和批准结果。

考点十:对设施和环境的要求

1. 相关规范。方法或程序对环境条件有要求时,或环境条件影响结果的有效性时,实验室应监测、控制和记录环境条件。

2. 如果设备有过载或处置不当、给出可疑结果、已显示有缺陷或超出规定要求时,应停止使用。这些设备应予以隔离以防误用,或加贴标签/标记以清晰标明该设备已停用,直至经过验证证明其能正常工作。

考点十一:方法的选择和验证、确认

1. 实验室在引入方法前,应验证能够正确地运用该方法,以确保实现所需的方法性能。应

保存验证记录。如果发布机构修订了方法,应依据方法变化的内容重新进行验证。

2. 实验室应对非标准方法、实验室开发的方法、超出预定范围使用的标准方法或其他修改的标准方法进行确认。确认应尽可能全面,以满足预期用途或应用领域的需要。

考点十二:确保结果有效性

1. 可行和适当时,实验室应通过与其他实验室进行结果比对来监控能力水平。监控应予以策划和审查,包括但不限于以下一种或两种措施;

(1)参加能力验证;

(2)参加除能力验证之外的实验室间比对;

2. 当更改、修订或重新发布已发出的报告时,应在报告中清晰标识修改的信息,适当时标注修改的原因。

考点十三:管理体系要求

实验室应建立、实施和保持形成文件的管理体系,该管理体系应能够支持和证明实验室持续满足本标准的要求,并且保证实验室结果的质量。除满足第 4 章至第 7 章的要求外,实验室应按方式 A 或方式 B 实施管理体系。

第八节　检验检测机构实验室技术要求验收及诚信建设相关规定介绍

一、《检验检测实验室技术要求验收规范》要点介绍

考点一:产生粉尘、毒物工作场所要求

产生粉尘、毒物的工作场所,其发生源的布置应符合下列要求:

(1)放散不同有毒物质的操作过程布置在同一建筑物内时,毒性大与毒性小的应隔开。

(2)粉尘、毒物的发生源应布置在工作地点的自然通风的下风侧。

(3)如布置在下层时应采取有效措施防止污染上层的空气。

考点二:安全标识

实验室应根据活动类型设置明确、明显、醒目的相应安全标志,包括:通用安全标志、消防标志、化学品作业场所安全警示标志、工业管道标志、气瓶标志、设备标志等。对限制人员进入的实验区应在其明显部位或门上设置警告装置或标志。

考点三:对物理伤害的防护

对于高压试验区域,有潜在爆炸或高能射线泄漏等危险的区域应有安全隔离措施,并给出明显、醒目的警示标志。火焰燃烧试验用气体应与试验区隔离。

考点四:对腐蚀性材料的存放

腐蚀性材料宜有单独的存放区。存放区应能防止化学品泄漏或溢出,如有泄漏或溢出应及时进行控制,并设置警告牌。

考点五:化学品的防护

1. 凡经常使用强酸、强碱、有化学品烧伤危险的实验室,就近设置应急喷淋器及应急眼睛冲洗器。

2. 对试验中有爆炸、有毒有害危险的样品应有防爆排气的措施,以确保工作环境的安全。凡进行对人体有害的气体、烟雾、挥发物质等实验工作的实验区域,应设置通风装置。实验室试剂存储柜、化学品存储间等应具有足够的通风能力。存储易挥发、有毒、易腐蚀的物质的场所应进行有效的通风。

二、《检验检测机构诚信基本要求》要点介绍

考点六:诚信文化建设包括的内容

1.《检验检测机构诚信基本要求》明确规定检验检测机构应开展以诚信为核心的文化建设,树立诚信理念,开展内部与外部的诚信文化传播活动。

2. 检验检测机构的诚信文化建设包括:质量意识、诚信理念、品牌效应、社会承诺。

考点七:相关法律要求及环境条件

1. 法律要求:检验检测机构应掌握并遵守其从业活动中相关法律、法规及其他要求,并建立对检验检测机构的诚信方面要求的信息跟踪和实施机制。

2. 环境条件:检验检测机构应有环境控制文件及记录,确保设施和环境条件满足检验检测的要求。检验检测机构应建立、实施并保持应急准备和响应程序,以应对可能对结果造成影响的紧急情况或事故。

3. 检验检测机构可通过制定诚信要素识别和诚信要素监控等程序,建立诚信保障机制。

4. 在检验检测、服务、运行中发现带有区域性、普遍性以及危及人身和财产安全的重大质量问题时,应当及时向有关政府部门报告。

考点八:诚信方面的申诉及处理程序

检验检测机构应建立申诉、投诉处理程序,并采取有效的纠正、纠正措施和预防措施,特别是有关诚信方面的申诉、投诉应有程序化的有效处理。检验检测机构在内部审核和管理评审时,应关注对诚信建设的评价。

考点九:客户服务的要求

客户服务:检验检测机构实施检验检测时,需要或者已经发生偏离合同要求时,应及时告

知客户,配合客户分析偏离带来的影响,并取得客户的书面同意。当偏离合同带来不良后果的,检验检测机构应当承担相应责任。

考点十:从业人员不应的行为

1. 检验检测机构的人员不应(但不限于):
(1)与其所从事的检验检测项目委托方,存在不正当利益关系;
(2)参与任何有碍于检验检测判断独立性和公正性的活动;
(3)参与和检验检测项目或者类似的竞争性项目有关系的产品的生产、经营活动;
(4)谋求不正当利益,威胁、诱骗或者利用欺诈的手段影响检验检测数据和结果;
(5)出具虚假数据和结果或不客观报告数据和结果。
2. 检验检测机构所有人员的档案应真实、可信。

第九节　印章的分类与使用

考点一:常用印章

交通运输行业质量检测机构常用的印章有两种,计量认证(CMA)章、报告专用章。按照相关规定,通过资质认定的检验检测机构出具的报告,除了加盖 CMA 印章外,还需加盖检验检测专用章。

考点二:资质认定标志及其使用要求

1. 标志的图形:资质认定标志的整个图形由英文字母 CMA 形成的图案和资质认定证书编号组成。证书编号由 12 位数字组成。CMA 是 China Inspection Body and Laboratory Mandatory Approval 的英文缩写,如图 5-2 所示。

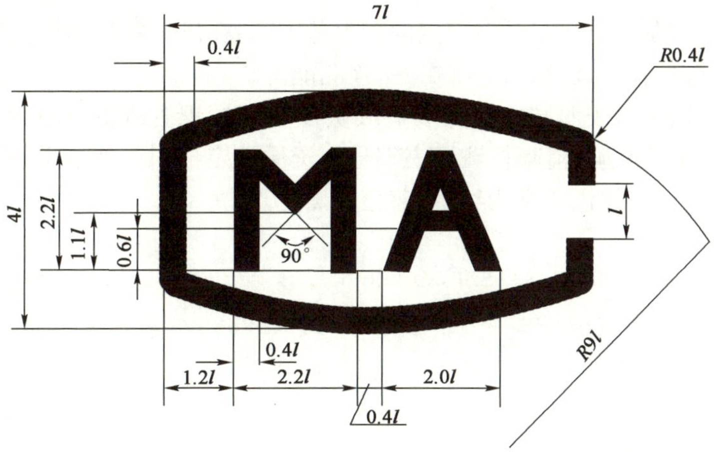

图 5-2　计量认证标志

2. 标志的使用：取得检验检测机构资质认定证书的机构，可使用证书中的“许可使用标志”，进行对外宣传，并允许在资质认定范围内出具的检验检测报告或证书上予以使用。

3. 标志的规格及颜色：使用标志时，应按照标志规定的比例，根据情况放大或缩小，不可更改标志比例，标志上下部分的颜色应一致。资质认定标志的颜色建议为红色、蓝色或者黑色。

4. 证书的编号：在标志下面的数字编号也为资质认定证书的编号。

5. 标志的位置：资质认定标志加盖(或印刷)在检验检测报告或证书封面上部适当位置。

6. 计量认证的专业类别代码：P 交通，R 建设(建材、城建、建工)，N 铁路，Y 计量，Z 其他。

7. 008P 代表该机构 2008 年通过计量认证，属于交通运输行业的检测机构。

8. 使用要求。

(1)检验检测机构向社会出具具有证明作用的检验检测数据、结果的，应当在其检验检测报告或证书上加盖检验检测专用章，用以表明该检验检测报告或证书由其出具，并由该检验检测机构负责。检验检测专用章、资质认定标志二者缺一不可。

(2)检验检测专用章的式样要经过本单位法人或法人授权人批准。

(3)检验检测专用章的式样变更，也须经过本单位法人或法人授权人批准。

(4)检验检测专用章应含下列内容：本单位名称、“检验检测专用章”字样、五星标识。专用章形状通常为圆形。

(5)丢失检验检测专用章的，单位要及时声明作废。

考点三：检验检测专用章的使用

检验检测机构在其出具的各类检验检测报告上，都必须加盖检验检测专用章，用以表明该检验检测报告由其出具，是有效力的，并由该检验检测机构负责。检验检测专用章一般加盖在检验检测报告封面的机构名称位置和骑缝位置，检验检测专用章应列明检验检测机构完整准确的名称，该名称应当与资质认定证书载明的名称一致。检验检测机构建立检验检测专用章的管理文件，并对检验检测专用章的使用进行规范管理。

考点四：资质认定标识的使用

1. 检验检测机构在资质认定证书确定的能力范围内，在出具的各类检验检测报告上，都必须标注资质认定标识，表明其具有相应的检验检测能力。

2. 资质认定标识应当按照国家认监委有关资质认定标识管理的文件规定，符合尺寸、比例、颜色方面的要求，并准确、清晰标注证书编号。资质认定标识一般加盖(或者印刷)在检验检测报告封面左侧页眉，颜色通常为红色、蓝色或黑色。

第六章　试验检测常用术语和定义

考点一:质量检测机构相关术语

第三方检测机构:又称公正检验,指两个相互联系的主体之外的某个客体。第三方可以是和两个主体有联系,也可以是独立于两个主体之外,是由处于买卖利益之外的第三方(如专职监督检验机构)。

母体质量检测机构:是指在工程现场设立工地试验室取得相应等级资质的质量检测机构。

工地试验室:工程中为控制质量由等级质量检测机构在工程现场设立的试验室。

基本特征:处于工地,由母体授权,按合同检测试验,临时机构。

考点二:相关人员

授权签字人:是指实验室提名,经过资质认定评审组考核合格,能在实验室被认可范围内的检测报告或校准证书上获准签字的人员。

工地试验室授权负责人:母体机构授权,代表母体检测机构在工地现场从事工地试验室管理的负责人。

考点三:相关文件

受控文件:为保证使用的各种文件现行有效,实验室对文件的编制、审核、批准、标识、发放、保管、修订等各个环节实施控制和管理。

模拟报告:依据试验规范标准对真实样品进行检测形成的检测报告。

考点四:相关活动

能力验证:指利用实验室之间比对,按预先制定的准则评定参加者的能力。

期间核查:为了确定计量标准、标准物质或测量仪器是否能保持原有状态而进行的操作。

内审:实验室自身必须建立的评价机制。保证本机构各项质量活动是否符合评审准则与质量管理体系文件的要求的活动。

管理评审:是指由试验室的最高管理者就质量方针和目标,对质量体系的现状和适应性进行的正式评价。

实验室间比对:按照预先规定的条件,由两个或多个实验室对相同或类似的物品进行测量或检测的组织、实施和评价。

考点五:相关概念

检验:是通过观察和判断,适当时结合测量、试验或估量所进行的符合性评价。

投诉:任何人员或组织向实验室就其活动或结果表达不满意,并期望得到回复的行为。

公正性:客观性的存在。

(1)客观性意味着不存在或已解决利益冲突,不会对实验室的活动产生不利影响;

(2)其他可用于表示公正性的要素术语包括:无利益冲突,没有成见,没有偏见、中立、公平、思想开明、不偏不倚、不受他人影响、平衡。

考点六:能力验证、期间核查的定义

1. 能力验证

能力验证是指利用实验室间比对,按照预先制定的准则评价参加者的能力。

2. 期间核查

期间核查是指根据规定程序,为了确定计量标准、标准物质或测量仪器是否保持原有状态而进行的操作。

考点七:误差的分类、区别和计算公式

1. 测量误差

测量误差简称误差,其值为测得的量值减去参考量值。

2. 系统测量误差

系统测量误差是指在重复测量中保持不变或按可预见方式变化的测量误差的分量。

注:(1)系统测量误差的参考值是真值,或是测量不确定度可忽略不计的测量标准的测得值,或是约定量值。

(2)系统测量误差及其来源可以是已知的或未知的。对于已知的系统测量误差可采用修正补偿。

(3)系统测量误差等于测量误差减去随机测量误差。

考点八:修正及修正方式

修正是对估计的系统误差的补偿。

1. 补偿可取不同的形式,诸如加一个修正值或乘以一个修正因子,或从修正值表或修正曲线上得到。

2. 修正值是用代数方法与未修正测量结果相加,以补偿其系统误差的值。修正值等于负的系统误差估计值。

3. 修正因子是为补偿系统误差而与未修正测量结果相乘的数字因子。

4. 由于系统误差不能完全知道,因此这种补偿并不完全。

考点九:测量准确度、测量正确度及精密度的定义和区别

1. 测量准确度:简称准确度,指被测量的测得值与其真值间的一致程度。

2. 测量正确度：简称正确度，指无穷多次重复测量所得量值的平均值与一个参考量值之间的一致程度。

注：(1)测量正确度不是一个量，不能用数值表示。

(2)测量正确度与测量系统误差有关，与随机测量误差无关。

(3)测量正确度不能用测量准确度表示，反之亦然。

3. 测量精密度：简称精密度，是在规定的条件下，对同一或类似被测对象重复测量所得示值或测得值间的一致程度。

注：(1)测量精密度通常用不精密程度以数字形式表示，如，在规定的测量条件下的标准差、方差或变异系数。规定条件可以是重复性测量条件、期间精密度测量条件或复现性测量条件。

(2)测量精密度用于定义测量重复性、期间测量精密度或测量复现性。

考点十：重复性、复现性测量条件的定义和区别

1. 重复性测量条件：简称重复性条件，包括相同的测量程序、相同的操作者、相同的操作条件和相同的地点，并在短时间内对同一或相类似被测对象重复测量的一组测量条件。

2. 复现性测量条件：简称复现性条件，是指不同地点、不同操作者、不同测量系统，对同一或相类似被测对象重复测量的一组测量条件。

3. 测量复现性：简称复现性，是在复现性测量条件下的测量精密度。

考点十一：测量不确定度，扩展不确定度的定义

1. 测量不确定度：简称不确定度，是根据所用到的信息，表征赋予被测量量值分散性的非负参数。

2. 扩展不确定度：扩展不确定度全称为扩展测量不确定度，是合成标准不确定度与一个大于 1 的数字因子的乘积。

3. 示值误差：示值误差是指测量仪器示值与对应输入量的参考量值之差。

第七章　法定计量单位

我国计量法规定国际单位制计量单位和国家选定的其他计量单位,为国家法定计量单位。国家法定计量单位的名称、符号由国务院公布。我国允许使用的计量单位是国家法定计量单位。国家法定计量单位由国际单位制单位和国家选定的非国际单位制单位组成,国际单位制是我国法定计量单位的主体,国际单位制如有变化,我国法定计量单位也将随之而变化。国际单位制是我国法定计量单位的基础,一切属于国际单位制的单位都是我国的法定计量单位。

考点一:国际单位制的构成

1. 国际单位制的构成:国际单位制的内容包括国际单位制(SI)的构成体系、SI 单位、SI 词头、SI 单位的十进倍数单位的构成以及它们的使用规则。国际单位制的构成如图 7-1 所示。

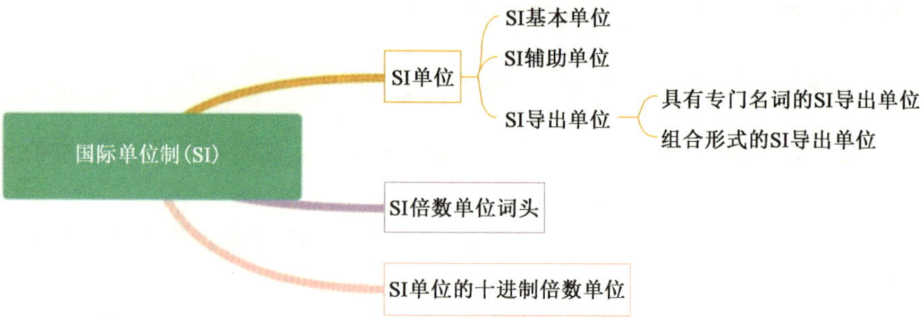

图 7-1　国际单位制的组成

2. 国际单位制的单位包括 SI 单位以及 SI 单位的十进制倍数单位。

考点二:SI 单位及其构成

1. SI 单位的组成:SI 单位包括 SI 基本单位、SI 辅助单位、SI 导出单位。

2. SI 基本单位:国际单位制建立在 ISO 的 7 个基本量的基础上,基本量和相应基本单位的名称和符号见表 7-1。

基本量和基本单位的名称和符号表　　表 7-1

量的名称	单位名称	单位符号
长度	米	m
质量	千克(公斤)	kg
时间	秒	s
电流	安[培]	A

续上表

量的名称	单位名称	单位符号
热力学温度	开[尔文]	K
物质的量	摩[尔]	mol
发光的强度	坎[德拉]	cd

注:1.(　)中的名称,是它前面名称的同义词,下同。

2.[　]一中的字是在不致混淆的情况下,可以省略的字,下同。

3.本标准所称的符号,除特殊指明者外,均指我国法定计量单位中所规定的符号,下同。

考点三:词头、简称及所表示的因数

表 7-2 列出了 SI 单位的倍数单位,倍数单位的词头(SI 词头)名称、简称及符号。词头用于构成 SI 单位的倍数单位,但不得单独使用。

SI 倍数单位词头　　表 7-2

所表示的因数	词头名称	词头符号	所表示的因数	词头名称	词头符号
10^{18}	艾[可萨]	E	10^{-1}	分	d
10^{15}	拍[它]	P	10^{-2}	厘	c
10^{12}	太[拉]	T	10^{-3}	毫	m
10^{9}	吉[咖]	G	10^{-6}	微	μ
10^{6}	兆	M	10^{-9}	纳[诺]	n
10^{3}	千	k	10^{-12}	皮[可]	p
10^{2}	百	h	10^{-15}	飞[母拖]	f
10^{1}	十	da	10^{-18}	阿[托]	a

考点四:组合单位的写法和运用

1. 对于组合单位,其倍数单位的构成,最好只使用一个词头,而且尽可能是组合单位中的第一个单位采用词头。

(1)只通过相乘构成的组合单位在加词头时,词头通常加在第一个单位之前。例如:力矩的单位 kN·m 不宜写成 N·km。

(2)只通过相除构成的组合单位,或通过乘和除构成的组合单位,在加词头时,词头一般都应加在分子的第一个单位之前,分母中一般不用词头,但质量单位 kg 在分母中时例外。

2. 由两个或两个以上单位相乘所构成的组合单位,其符号形式为两个单位符号之间加居中圆点,如牛·米。单位相除构成的组合单位,其符号可采用下列形式之一:米/秒;米·秒$^{-1}$或米＊/秒。摄氏度的符号℃可以作为中文符号使用。

第八章　数值修约规则与极限数值的表示和判定、测量误差与测量不确定度

第一节　数值修约规则

考点一：数值修约规则和口诀

1. 进舍规则：

(1)拟舍弃数字的最左一位数字小于5，则舍去，保留其余各位数不变。

(2)拟舍弃数字的最左一位数字大于5，则进一，即保留数字的末位数字加1。

【例题】 将1268修约到“百”数位，得13×10^2(特定场合可写为1300)；将1268修约到“十”数位，得12.7×10^2(特定场合可写为1270)。

说明：“特定场合”系指修约间隔明确时。

(3)拟舍弃数字的最左一位数字是5，且其后有非0数字时进一，即保留数字的末位数字加1。

(4)拟舍弃数字的最左一位数字为5，且其后无数字或皆为0时，若所保留的末位数字为奇数(1,3,5,7,9)则进一，即保留数字的末位数字加1；若所保留的末位数字为偶数(0,2,4,6,8)，则舍去。即“奇进偶不进”。

2. 修约口诀：

四舍六入五考虑

五后非零则进一

五后皆零看奇偶

奇进偶舍不连续

负数修约绝对值

【例题】 数值准确至三位小数(修约间隔为0.001或10^{-3})。

某沥青密度试验测试值分别为1.034、1.031(g/cm^3)，则该沥青密度试验结果为：先算得平均值为1.0325，修约后试验结果是1.032g/cm^3。

考点二：0.5单位修约与0.2修约

①0.5修约(半个单位修约)：先将拟修约数值X乘以2，按指定修约间隔对$2X$进行修约，所得数值再除以2。

【例题】　将表 8-1 中的数字修约到个数位的 0.5 单位修约。

0.5 单位修约举例　　表 8-1

拟修约数值 X	$2X$	$2X$ 修约值	X 修约值
60.25	120.5	120	60.0
-60.75	-121.50	-122	-61.0

②0.2 修约：先将拟修约值 X 乘以 5，按指定修约间隔对 $5X$ 进行修约，所得数值再除以 5。

【例题】　将表 8-2 中的数字修约到百数位的 0.2 单位修约。

0.2 单位修约举例　　表 8-2

拟修约数值 X	$5X$	$5X$ 修约值	X 修约值
830	4150	4200	840
-930	-4650	-4600	-920

考点三：有效数字运算规则

在运算中，经常有不同有效位数的数据参加运算。在这种情况下，需将有关数据进行适当的处理。

有效数字：从个数的左边第一个非 0 数字起，到末尾数字止，所有的数字都是这个数的有效数字。

如：0.010400，前面两个 0 不是有效数字，后面的 10400 是有效数字。

2.108×10^5 中 2.108 是有效数字，后面的 10^5 不是有效数字。3200000 所有数字均为有效数字。1.20 有 3 个有效数字，1200.110 有效数字为 7 位。

1. 加减运算

当几个数据相加或相减时，它们的小数点后的数字位数及其和或差的有效数字的保留，应以小数点后位数最少(即绝对误差最大)的数据为依据。

2. 乘除运算

几个数据相乘相除时，各参加运算数据所保留的位数，以有效数字位数最少的为标准，其积或商的有效数字也以此为准。例如，当 $0.0121\times30.64\times2.05782$ 时，其中 0.0121 的有效数字位数最少，所以，其余两数应修约成 30.6 和 2.06 与之相乘，即：$0.0121\times30.6\times2.06=0.763$。

第二节　极限数值的表示和判定

考点一：全数值比较法和修约值比较法及其运用

1. 总则

(1)在判定测定值或计算值是否符合标准要求时，应将测试所得的测定值或其计算值与标准规定的极限数值作比较，比较的方法可采用全数值比较法、修约值比较法。

(2)当标准或有关文件对极限值(包括带有极限偏差值的数值)无特殊规定时,均应使用全数值比较法。如规定采用修约值比较法,应在标准中加以说明。

(3)若标准或有关文件规定了使用其中一种比较方法时,一经确定,不得改动。

2. 全数值比较法

将测试所得的测定值或计算值不经修约处理(或虽经修约处理,但应标明它是经舍、进或未进未舍而得),用该数值与规定的极限数值作比较,只要超出极限数值规定的范围(不论超出程度大小),都判定为不符合要求。

3. 修约值比较法

(1)将测定值或其计算值进行修约,修约数位应与规定的极限数值数位一致。

(2)当测试或计算精度允许时,应先将获得的数值按指定的修约数位多一位或几位报出,然后按"3.2 进舍规则"的程序修约至规定的数位。

(3)将修约后的数值与规定的极限数值进行比较,只要超出极限数值规定的范围(不论超出程度大小),都判定为不符合要求。

考点二:两种判定方法的比较

对同样的极限数值,若它本身符合要求,则全数值比较法比修约值比较法相对较严格。

第三节　测量误差与测量不确定度

考点一:测量误差分类

1. 根据误差产生的原因,按照误差的性质,可以把测量误差分为系统误差、过失误差和随机误差。

2. 真值 X_0 = 测量值 X - 误差 Y。

3. 一切试验测量结果都具有测量误差。

考点二:系统误差的定义及产生原因

1. 系统误差定义。

系统误差是指人机系统产生的误差,是由一定原因引起的,在相同条件下多次重复测量同一物理量时,使测量结果总是朝一个方向偏离,其绝对值大小和符号保持恒定,或按一定规律变化,因此有时称之为恒定误差。

2. 系统误差产生的原因。

(1)仪器误差:是指由于测量工具、设备、仪器结构上的不完善,电路的安装、布置、调整不得当,仪器刻度不准或刻度的零点发生变动,样品不符合要求等原因所引起的误差。

(2)人为误差:是指由观察者感官的最小分辨力和某些固有习惯引起的误差。例如,由于观察者感官的最小分辨力不同,在测量玻璃软化点和玻璃内应力消除时,不同人观测就有不同的误差。某些人的固有习惯,例如在读取仪表读数时总是把头偏向一边等,也会引起误差。

(3)外界误差:也称环境误差,是由于外界环境(如温度、湿度等)的影响而造成的误差。

(4)方法误差:是指由于测量方法的理论根据有缺点,或引用了近似公式,或实验室的条件达不到理论公式所规定的要求等造成的误差。

(5)试剂误差:在材料的成分分析及某些性质的测定中,有时要用一些试剂,当试剂中含有被测成分或含有干扰杂质时,也会引起测试误差,这种误差称为试剂误差。

3. 一般地说,系统误差的出现是有规律的,其产生原因往往是可知的或可掌握的。只要仔细观察和研究各种系统误差的具体来源,就可设法消除或降低其影响。

考点三:随机误差定义和产生原因

1. 随机误差:随机误差是由不能预料、不能控制的原因造成的。

2. 不能预料的原因包括:实验者对仪器最小分度值的估读每次很难严格相同;测量仪器的某些活动部件所指示的测量结果,尤其是使用年久的或质量较差的仪器时更为明显;温度湿度和气压等。

3. 随机误差的出现完全是偶然的,无规律性,所以有时称为偶然误差。

考点四:过失误差

1. 过失误差,也叫错误,是一种与事实不符的显然误差。

2. 这种误差是由于实验者粗心,不正确地操作或测量条件突然变化所引起的。例如:仪器放置不稳,受外力冲击产生毛病;测量时读错数据、记错数据;数据处理时单位搞错、计算出错等。

3. 过失误差在实验过程中是不允许的。

考点五:几种误差表示方法的理解

1. 为了表示误差,工程上引入了精密度、准确度和精确度的概念。精密度表示测量结果的重演程度,精密度高表示随机误差小;准确度指测量结果的正确性,准确度高表示系统误差小;精确度(又称精度)包含精密度和准确度两者的含义,精确度高表示测量结果既精密又可靠。根据这些概念,误差的表示方法有三种。

(1)极差:极差是指测量最大值与最小值之差。

(2)绝对误差:绝对误差是指测量值与真值间的差异。

(3)相对误差:相对误差是指绝对误差与真值的比值,一般用百分数表示。

$$\varepsilon = \Delta X_i / X_0$$

2. 相对误差既反映测量的准确度,又反映测量的精密度、精确度,与测量数据本身的大小也有关系。

考点六:测量不确定度的定义

1. 测量不确定度:根据所用到的信息,表征赋予被测量量值分散性的非负参数。

2. 测量结果会受许多因素的影响,因此,测量方法包括:测量原理、测量仪器、测量环境条件、测量程序、测量人员以及数据处理方法等。通常不确定度由多个分量组成,测量的不确定度表示在重复性或复杂性条件下,被测量值的分散性,因此测量不确定度仅与测量方法有关,而与具体测得的数值大小无关。

考点七:测量不确定度的来源

1. 测量中,可能导致测量不确定度的因素很多,主要来源如下:

(1)被测量的定义不完整。如测量烘箱的温度,不同位置烘箱的温度是不同的,当要求测温的准确度较高时,需给出明确定义。

(2)复现被测量的测量方法不理想。

(3)取样的代表不够,即被测样本不能完全代表所定义的被测量。

(4)对测量过程受环境影响的认识不恰当,或对环境参数的测量与控制不完善。

(5)对测量仪表的读数存在人为的偏倚。由于观测者的读数习惯和位置的不同,也会引入与观测者有关的不确定分量。

(6)测量仪器的计量性能(如灵敏度、鉴别力阈、分辨力、死区及稳定性等)的局限性。

(7)测量标准或标准物质的不确定度。通常的测量是将被测量与测量标准或标准物质所提供的标准测量值进行比较而实现的,因此测量标准或标准物质所提供标准量值的不确定度将直接影响测量结果。

(8)引用的数据或参数的不确定度。物理学常数,以及某些材料的特性参数,例如密度、线膨胀系数等均可由各种手册得到,这些数值的不确定度同样是测量不确定度的来源之一。

(9)测量方法和测量程序的近似和假设。例如:用于计算测量结果的计算公式的近似程度等所引入的不确定度。

(10)在相同条件下被测量在复现观测中的变化。

2. 由于各种随机效应的影响,无论在实验中如何精确地控制实验条件,所得到的测量结果总会存在一定的分散性,即重复性条件下的各个测量结果不可能完全相同。除非测量仪器的分辨力太低,这几乎是所有测量不确定度评定中都会存在的一种不确定度来源。

3. 测量中可能导致不确定的来源很多,一般来说其主要原因是测量设备、测量人员、测量方法和被测对象的不完善引起的。上面只是列出了测量不确定度可能来源的几个方面,供读者分析和寻找测量不确定度来源时参考。它们既不是寻找不确定度来源的全部依据,也不表示每一个测量不确定度评定必须同时存在上述几方面的不确定度分量。对于那些尚未认识到的系统误差效应,显然在测量不确定度评定中是无法考虑的,但它们可能导致测量结果的误差。对于那些已经分辨出的系统误差,需对测量结果加以修正,此时应考虑修正值的不确定度。

考点八:测量不确定度的分类、评定方法以及测量不确定度的评定

1. 测量不确定度的分类

测量不确定度按照评定方法分标准不确定度和扩展不确定度。标准不确定度又分为 A、B 及合成标准不确定度。

2. 测量不确定度的评定方法

(1)A 类评定:是指用对观测列进行统计分析的方法进行评定,其标准不确定度用实验标

准差表征。

(2)B 类评定：凡是用非统计方法评定出的标准不确定度都是 B 类标准不确定度。

①B 类评定与随机或系统没有对应关系。

②B 类评定依据(信息来源)：可靠的说明书、检定书(检验证书)、测试报告等技术资料，测试人员的个人技术经验和知识。

(3)A 类标准不确定度与 B 类标准不确定度的区分。

①所有与 A 类评定不同的其他评定方法均为 B 类不确定度评定。

②B 类评定中，带有主观因素。

③A 类与 B 类标准不确定度评定方法不同，但地位同等。

④B 类不确定度的可靠程度受主观因素影响较大。

⑤A、B 类评定最后均用标准偏差来表示标准不确定度，在合成不确定度时两者合成方法相同。

3. 合成标准不确定度的评定

定义：当测量结果是由若干个其他量的值求得时，按其他各量的方差和协方差计算所得的标准不确定度称为合成标准不确定度。

(1)合成标准不确定度仍然是标准不确定度，它表征了测量结果的分散性。所用的合成方法，常被称为不确定度传播率。合成不确定度的自由度称为有效自由度，它表明评定可靠程度。

(2)用合成不确定度的倍数表示测量不确定度称扩展不确定度。

由于测量结果具有不确定度，当测量结果位于规范限两侧以扩展不确定度为半宽的区域内，就无法判断其是否合格。只有当测量结果全部处于扩展不确定度区域的外侧时，才能判定其测量结果为不合格。

考点九：测量误差与测量不确定度的主要区别(表 8-3)

1. 测量误差表示测量结果对真值的偏离量(是一个点)，而测量不确定度表示被测值的分散性，在数轴上表示一个区间。

2. 误差的概念和真值相联系，是无法测得的；而不确定度可根据实验、资料、经验等信息进行评定，是可定量操作的。

3. 测量不确定度仅与测量方法有关，而与具体测量的数值大小无关。测量结果的误差仅与测量结果以及真值有关，而与测量方法无关；测量方法应包括测量原理、测量仪器、测量环境条件、测量程序、测量人员以及数据处理的方法。

4. 测量结果的误差与测量结果的不确定度两者在数值上没有确定的关系。

5. 误差和不确定度是两个不同的概念，测量得到的误差肯定会有不确定度。反之也一样，评定得到的不确定度可能存在误差。

6. 对观测列进行统计分析得到的实验标准差表示该观测列中任一个被测估计值的标准不确定度，而并不表示被测量估计值的随机误差。

7. 自由度是表示测量不确定度评定可靠程度的指标，它与评定得到的不确定度的相对标准不确定度有关，而误差则没有自由度的概念。

8. 当了解被测量的分布时,可以根据置信概率求出置信区间,而置信区间的半宽度则可以用来表示不确定度,而误差则不存在置信概率的概念。

9. 检测实验室常用不确定度评定方法。包括:精密度法、控制图法、线性拟合法、经验模型法。

测量误差与测量不确定度的区别归纳表 表 8-3

测量误差	测量不确定度
表示测量结果对真值的偏离量(是一个点)	表示被测值的分散性,在数轴上表示一个区间
分为随机误差和系统误差	根据评定方法分为 A 类和 B 类
与真值相联系,是无法测得的	不确定度可根据实验、资料、经验等信息进行评定,是可定量操作的
仅与测量结果以及真值有关,而与测量方法无关	仅与测量方法有关,而与具体测的数值大小无关
两者在数值上没有确定的关系	
测量得到的误差肯定会有不确定度	评定得到的不确定度可能存在误差
实验标准差表示该观测列中任一个被测估计值的标准不确定度,而并不表示被测量估计值的随机误差	
误差没有自由度的概念	自由度是表示测量不确定度评定可靠程度的指标,它与评定得到的不确定度的相对标准不确定度有关
误差不存在置信概率的概念	置信区间的半宽度可以用来表示不确定度

第九章　能力验证

第一节　能力验证的基本概念

考点一:能力验证、实验室比对的概念

1. 能力验证是指利用实验室间比对,按照预先制定的准则评价参加者能力的活动,实际上它是为确保实验室维持较高的校准和检测水平而对其能力进行考核、监督和确认的一种验证活动。

2. 所谓实验室间比对是按照预先规定的条件,由两个或多个实验室对相同或类似检测物品进行检测的组织、实施、评价。

3. 能力验证是用于特定目的的实验室间比对。

(1)一般来说,用于评价实验室具有特定检测、校准和检测能力的实验室间比对,可以通称为"能力验证"。

(2)能力验证属于合格评定的范畴。常用的评价指标是能力评定标准差。能力评定标准差是基于可用信息,用于能力评估的离散型度量,即能力验证中实验室偏倚的大小。

4. 测量审核是能力验证的一种特殊形式。

(1)它是将一个参加实验室对被测物品(材料或制品)的测量结果与参考值进行比较,并按预定准则进行评价的活动。

(2)测量审核有时也称一对一能力验证计划。

5. 能力验证的常用类型:

①定量计划;②定性计划;③顺序计划;④同步计划;⑤单个计划;⑥连续计划;⑦抽样;⑧数据转换和解释。

考点二:能力验证主要目的

(1)评定实验室从事特定检测或测量的能力及监视实验室的持续能力。

(2)识别实验室存在的问题并启动改进措施,这些问题可能与诸如不适当的检测或测量程序、人员培训和监督的有效性、设备校准等因素有关。

(3)建立检测或测量方法的有效性和可比性。

(4)增加实验室用户的信心。

(5)识别实验室间的差异。

(6)根据比对的结果,帮助参加实验室提高能力。

(7)确认实验室声称的不确定度。

(8)评估某种方法的性能特征——通常称为协作试验。

(9)用于标准物质/标准样品赋值,以及评定其应用于特定检测或测量程序中使用时的适用性。

(10)支持由国际计量局(BIPM)及其相关区域计量组织,通过"关键比对"及辅助比对所达成的国家计量院间测量等效性的声明。

注:能力验证包含以上 10 类活动,通常不从事最后(8)、(9)、(10)三种活动。

第二节　能力验证的通用要求

考点一:能力验证计划的定义

1. 能力验证计划是指在检测、测量、校准或检验的某个特定领域,设计和运作一轮或多轮次能力验证。

2. 能力验证计划中的检测或测量类型决定了进行能力比较的方法。实验室活动有三种基本类型:定量的、定性的、解释性的。

(1)定量测量结果是数值型,用区间尺度或比例尺度标识。对数值结果进行统计分析。

(2)定性检测结果是描述性,用分类尺度中顺序尺度表示。不适用统计分析评定。

考点二:常用的能力验证计划有三种类型

1. 顺序参加的计划(测量比对计划)。

2. 同步参加的计划(同步模式,包括分割水平设计,分割样品检测计划,部分过程计划)。

3. 外部质量评价(EQA)计划。

(1)在工程实际检测中,样品制备符合要求是检测数据准确的前提。样品的制备是试验的关键环节。

(2)外部质量评价(EQA)计划是指根据传统的能力验证模型提供多种实验室间的比对计划。EQA 是针对实验室长期跟踪的连续计划,针对完整的工作流程,而不是检测过程。

第三节　能力验证计划的设计与实施步骤

考点:能力验证的注意事项

1. 能力验证提供者不应将能力验证计划的策划工作分包。

2. 能力验证计划的设计,实验室能力验证计划包括 20 条内容。

3. 能力验证计划的实施。

4. 记录保密性、结果的串通和伪造、应由有资格的人审定和监督。

第四节　能力验证结果的统计处理和能力评价

考点一：能力验证结果的统计处理

1. 能力验证结果的统计处理一般均包括以下几个方面的内容：

(1)计算能力统计量；

(2)确定指定值；

(3)评价能力；

(4)预先确定被测样品的均匀性和稳定性。

2. 校准能力验证计划中，参考实验室必须能够给出优于参加者的测量不确定度。

3. 确定指定值的方法有5个，即已知值、有证参考值、参考值、专家公议值、试验室公议值。

4. 已知值不确定度最小，由参加者确定的公议值不确定度最大。

考点二：能力验证结果的评价

有时某些实验室出具的数据，在能力验证计划中为离群结果，但可能仍在其相关标准规定的允许误差范围之内。鉴于此，利用参加能力验证计划的结果来对实验室的能力进行判定时，通常不做出合格与否的结论，而是使用“满意/不满意”或“离群”的概念。

考点三：离群值的统计处理

1. 第一类，离群值是明显错误的结果，如单位错误、小数点错误或错报为其他能力验证结果，应予剔除，单独处理。这些结果不再记入离群值检验或稳健统计分析。

2. 第二类，当使用参加者的结果确定指定值，硬是要采用适当的统计方法使离群值的影响降到最低时，可以采用稳健统计方法或计算前剔除离群值。在较大或常规的能力验证计划中，如存在有效的客观判据，可自动筛除离群值。

3. 第三类，如果其结果作为离群值被剔除，则仅在计算总统计量时剔除该值。但这些结果仍在能力验证计划中予以评价，并进行适当能力评定。

考点四：判定和处理离群值的目的

1. 识别与诊断找出离群值，从而进行质量控制。

2. 估计参数、估计总体的某个参数，确定这些值是否计入样本，以便准确估计其参数。

3. 检验假设目的在于判定总体是否符合所考察的要求，找出离群值的目的主要在于确定这些值是否计入样本，以使判定结果计量准确。

考点五：定量结果能力统计量

常用统计量有：差值 D、百分相对差 $D\%$、z 比分数、ξ 比分数、E_n 值。

考点六:能力验证结果评价

在建立能力的评价标准前,应考虑能力的度量值是否具有下列特点:

1. 专家公议:是评价性检测结果的主要途径。
2. 与目标的符合性。
3. 数值统计判定,如表 9-1 所示。

数值统计判定表　　表 9-1

z 比分数		E_n 值	
$\|z\| \leqslant 2.0$	满意结果	$\|E_n\| \leqslant 1.0$	满意结果
$2.0 < \|z\| < 3.0$	有问题	$\|E_n\| > 1.0$	不满意结果
$\|z\| \geqslant 3.0$	不满意或离群		

考点七:评价原则

实验室进行能力验证并得到结果后,按照以下三条原则进行评价:

(1)实验室有明确的组织机构和职责保证参加能力验证,制定了完善的质量文件并按程序执行;能够证明其参加过程并对结果进行了有效评价、分析及反馈,满足以上条件的评为符合。

(2)实验室规定了职责保证参加能力验证,制定了完善的质量文件,但没有完全按照程序实施,没有相关的记录,对此应评为缺陷。

(3)实验室没有规定明确的职责,也没有制定参加能力验证的质量文件,对此则评为不符合。

考点八:对报告不满意结果的实验室采用的措施

1. 利用能力验证的结果去确定实验室的能力时有其局限性。在认可过程中,实验室认可机构不能孤立地使用能力验证。

2. 实验室提交的某个结果或一些结果超出了某一次能力验证计划的验收准则,及早向实验室通报其结果,并建议该实验室对其能力进行调查和评议。

3. 对报告不满意结果的实验室,应采用下列措施:

(1)实验室在约定的时间范围内调查和评议其能力。

(2)必要时,让实验室随后进行可能的能力验证,以确认实验室采取的纠正措施是否有效。

(3)必要时,由合适的技术评审员对实验室进行现场评价,以确认纠正措施是否有效。

第十章　统计技术和抽样技术

第一节　统计技术的基础

考点一：随机变量的几个基本概念

1. 事件和随机事件。

事件是指观测或试验的一种结果，事件区分为3种，如表10-1所示。

事件的分类　　表10-1

事件	概念
必然事件	在一定条件下必然出现的事件，用 U 表示
不可能事件	在一定条件下不可能出现的事件，用 V 表示
随机事件	在随机试验中，一次试验可能出现也可能不出现，而在多次重复试验中却具有某种规律的事件

2. 概率：又称为机会率或机率、可能性，是数学概率论的基本概念，是一个在0到1之间的实数。概率是一个确定的数，是客观存在的，与每次试验无关。

考点二：几种事件的概率及其计算

根据事件 A 发生的不同情况，其概率的性质如下：

(1)由于频率总是介于0和1之间，故随机事件 A 的概率也总是介于0到1之间：$0 < P(A) < 1$。

(2)必然事件的概率：$P(U)=1$。

(3)不可能事件的概率：$P(V)=0$。

(4)若事情 A 发生，则事件 B 一定不发生；反之事件 B 发生，事件 A 一定不发生，即 A、B 两事件不同时发生，称 A 与 B 不相容，也称为互斥事件。对于互斥事件 A 与 B，它们和的概率等于 A、B 两事件概率的和，即 $P(A+B)=P(A)+P(B)$。

(5)若事件 A 的发生不影响 B 的发生，则称事件 A 与 B 相互独立。$P(AB)=P(A)\cdot P(B)$。

(6)小概率事件：如果某一事件的概率接近零，则这个事件在大量重复试验中出现的频率很小，这种事件称为“小概率事件”。小概率事件几乎是不会发生的。

考点三:随机变量及数字特征

1. 随机变量:如果某一变量(例如测量结果)在一定条件下,取某一值或在某一范围内取值是一个随机事件,则这样的量叫作随机变量。按照随机变量所取数值的分布情况不同,可分为两种:连续型随机变量和离散型随机变量。

2. 分布函数。

随机变量的特点是以一定的概率取值,但并不是所有的观测或试验都能以一定的概率取某一个固定值。

3. 随机变量的数字特征:特征量包括数学期望、方差、矩、协方差等。

(1)数学期望:是一个平均的大约数值,随机变量的所有可能值围绕着它而变化。分为离散型和连续型。

数学期望是均值这一概念在随机变量上的推广,并不是简单的算术平均值,而是以概率为权的加权平均值。

(2)方差:方差是指随机变量的中心化概率分布的二阶矩。

(3)矩。

(4)协方差:在联合概率分布下,两个中心化随机变量乘积的均值。

考点四:常见随机变量的概率分布

1. 均匀分布:指在如图 10-1 所示的区间内,概率密度函数连续分布且为常数,其中 $a \leq x \leq b$。X 的平均值为 $(a+b)/2$,方差为 $(b-a)^2/12$。

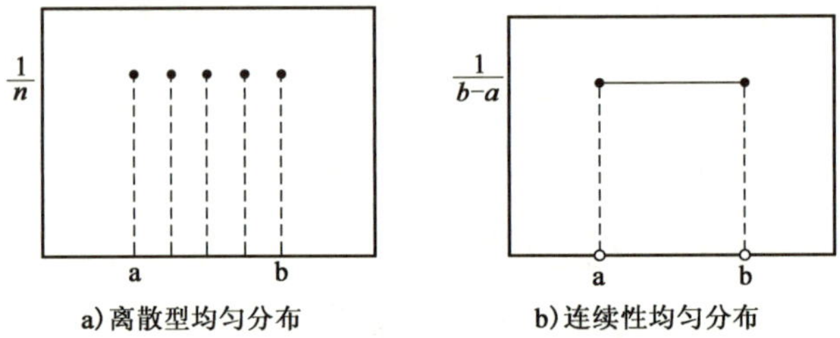

图 10-1　均匀分布

2. 正态分布

(1)X 服从一个数学期望为 μ、方差为 σ^2 的正态分布,记为 $N(\mu,\sigma^2)$。

(2)当 $\mu=0,\sigma=1$ 时的正态分布是标准正态分布。即 $N(0,1)$。

(3)正态曲线呈钟型,两头低,中间高,左右对称,曲线与横轴间的面积总等于 1(图 10-2)。标准差 δ 越小,曲线越陡峭;标准差 δ 越大,曲线越扁平。

(4)正态分布图形具有下列性质:

①$f(x)$处处大于零,各阶连续可导;

②$f(x)$在$(-\infty,\mu)$区间严格上升,$x=\mu$ 时取得最大值,其大小由标准差 σ 决定,标准差越大,观测值落在 μ 附近的概率越小,表示测量精度越差,观测值也越分散;

③$f(x)$关于 $x=\mu$ 对称,

④$f(x)$在$(-\infty, +\infty)$内积分为1;

⑤标准正态分布:$\mu=0, \sigma=1$,记作$N(0,1)$。

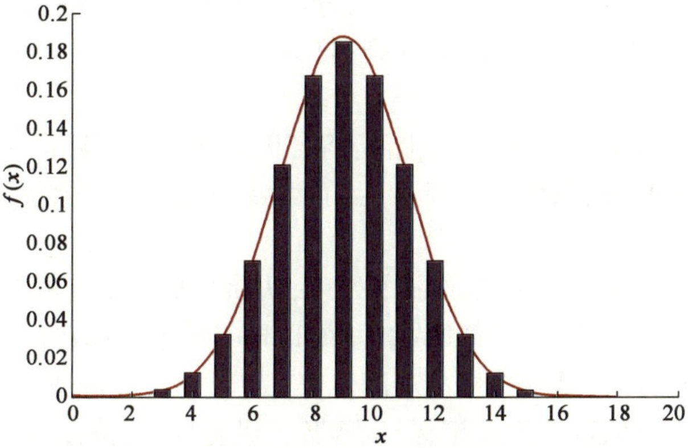

图10-2　正态分布曲线

3. t分布(学生分布)

(1)它是对两个样本均值差异进行显著性测试的学生t测试的基础。当母群体的标准差是未知却又需要估计时,可以用学生t分布。

(2)样本数量大(超过120等)时,可以应用Z检定,但Z检定用在小样本会产生很大的误差,样本小时改用学生t检定。

(3)t检定分布无论样本数量大或小皆可应用。

(4)自由度n越大,t分布曲线越接近标准正态分布曲线。自由度$n=\infty$时,t分布曲线为标准正态分布曲线。

考点五:统计的相关概念(表10-2)

统计相关概论表　　表10-2

名称		概念
总体、样本与样本空间	总体	指所考虑对象的全体
	样本	指一个或多个抽样单元组成的总体的子集
	样本空间	指所有可能结果的集合
算术平均值		是总体单位某一数量标志值之和除以总体单位总量
相关系数		在联合概率分布下,两个标准化随机变量乘积的均值

第二节　常用数理统计工具

考点:几种常用数理统计工具的概念与特征

1. 调查表:不合格项目分类统计调查表、工序质量特性分布统计分析调查表、调查缺陷位置的统计分析调查表。

2. 分层法：对数据按来源、性质、使用目的、要求进行分类、总结、分析，再使用其他统计方法成图。分层法是数据分析的一项基础工作。分层的好坏直接影响后面分析的结果。如作直方图分层不好时，直方图会出现峰型、平顺型；排列图分层不好时，矩形高度差不多，分不清主次。

3. 因果图(特征要因图、鱼骨图、树枝图)：将各因素按大小次序以主干、大枝、小枝图形表示出来。可对因果做出明确、系统的整理，一目了然、系统地了解产生质量问题的原因。

4. 直方图。

(1)直方图概念：是指通过对数据的加工处理，从而分析和掌握质量数据的分布和估算工序不合格品率的一种方法。直方图有频数直方图和频率直方图两种，其中以频数直方图使用较多。样本数据频数直方图，是指将样本观测值 X_1、X_2、$\cdots X_n$，进行适当的分组，然后计算各组中数据的个数。以样本取值范围为横坐标，以频数为纵坐标，将按样本序列划分的组及其频率的柱状图连续画在图中而得。

(2)直方图的作图方法：包括作频数(或频率)分布表、画直方图、进行有关计算、确定组界。

(3)质量分布状态的几种类型和特征(表 10-3，图 10-3)。

类型包括：正常型、孤岛型、双峰型、折齿型、陡壁型、偏态型、平顶型。

质量分布状态的类型和特征　　表 10-3

序号	类型	特征
1	正常型	中高两边低，对称，正态分布
2	孤岛型	两边出现孤立小岛，材料发生变化、测试有误差
3	双峰型	数据来自两个不同分布的总体
4	折齿型	凹凸不平，数据分组太多、测量仪器误差过大
5	陡壁型	一边倾斜，搜集数据不正常
6	偏态型	受界限限制，下限限制左偏，反之右偏
7	平顶型	数据源自多个分布的总体；或质量在某区间均匀变化

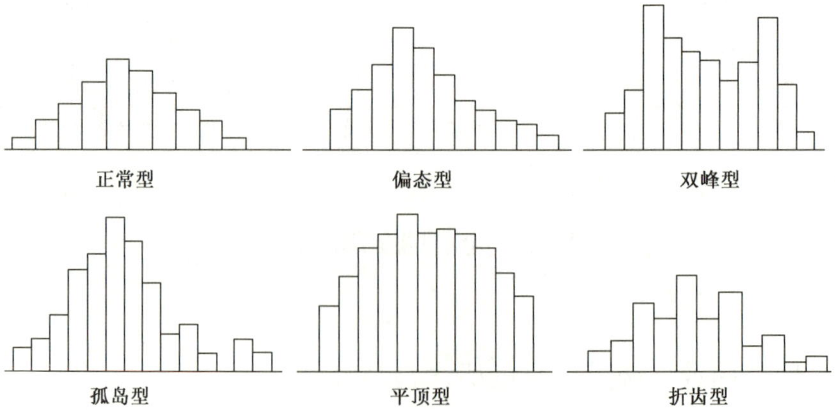

图 10-3　常见的直方图形态

第三节　抽样技术及应用

考点一:抽样方案及影响检验可靠性的因素

抽样方案是指所使用的样本量和有关批接受准则的组合。根据批量大小、接收质量限检验严格程度等因素定出样本大小和判定数组,有了这两个参数就可以对给定的批进行抽样和判定。质量检验是产品与质量要求相比较并做出质量评判的过程。

考点二:抽样检验的分类

1. 检验可分为全数检验和抽样检验两大类。全数检验是对一批产品中的每一个产品进行检验,从而判断该批产品质量状况;抽样检验是从一批产品中抽出少量的单个产品进行检验,从而推断该批产品质量状况。全数检验较抽样检验可靠性好. 但检验工作量非常大,往往难以实现;抽样检验方法以数理统计学为理论依据,具有很强的科学性和经济性,工程中的大部分检测,只能采用抽样检验方法。

2. 质量检验的目的在于准确判断工程质量状况,以促进工程质量的提高。其有效性取决于检验的可靠性,而检验的可靠性与以下因素有关:质量检验手段的可靠性、抽样检验方法的科学性、抽样检验方案的科学性。

在质检过程中,必须全面考虑上述三个因素,以提高质量检验的可靠性。

考点三:抽样检验的类型、特征及运用

1. 简单随机抽样。

简单随机抽样也称纯随机抽样。对于大小为 N 的总体,抽样样本量为 n 的样本,若全部可能的样本被抽中的概率都相等,则称这样的抽样为简单随机抽样。具体抽样时,根据抽样单位是否放回可分为重复抽样和不重复抽样。

2. 散料抽样。

对散料的抽样,散料是指宏观上难以区分其组成部分的材料。

3. 系统抽样。

(1)将总体中的抽样单元按一定顺序排列,在规定的范围内随机抽取一个或一组初始单元,然后按照一定规则确定其他样本单元的抽样叫系统抽样。系统抽样分为等距抽样和定位系统抽样。

(2)定位系统抽样是指一个规定样本量的样本,取自于流水线中的某一规定位置或时间,认为它本身所处的环境具有代表性的系统抽样。例如,从流水线或传输装置中抽取散料样品时,系统抽样可按固定距离或固定时间间隔方式抽取样本,每个抽样单元或每份样品的质量应与抽样时的瞬时流量成比例。

4. 分层抽样。

样本抽自不同层,每层至少有一个抽样,每层采取随机抽样。

5. 整群抽样又叫集团抽样。

将总体分为若干群,随机选取部分群,对群中所有单位进行全面调查。

6. 多阶段抽样。

从总体中通过一次抽样得到一个样本(单阶段或初阶段抽样),再从中抽取次级样本(多阶段)。目的在于便于组织抽样,使抽样方式灵活多样化,提高估计精度,提高经济效益。

第十一章　仪器设备使用管理

第一节　仪器设备计量溯源

考点一：掌握计量溯源的几个概念

1. 计量标准：为了定义、实现、保存或复现量的单位或一个或多个量值，依据一定标准技术文件，建立的一套用作参考的实物量具、测量仪器、参考（标准）物质或测量系统。

2. 计量参数：指除外观质量等目测、手感项目外的影响仪器设备量值准确性的技术参数。

3. 量值传递：通过测量仪器的校准或检定，将测量标准所实现的单位量值通过各等级的测量标准传递到工作测量仪器的活动，以保证测量所得量值的准确统一。

4. 计量溯源性：指通过文件规定的不间断校准链，将测量结果与参照对象联系起来的特性。每次校准均会引入测量不确定度。

5. 常见的溯源方式（图 11-1）。

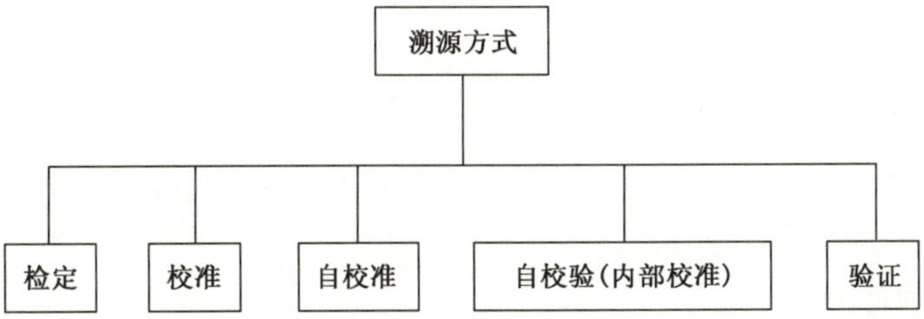

图 11-1　溯源方式

考点二：检定的定义及相关要求

1. 检定：计量器具和测量仪器的检定简称计量检定。

检定是查明和确认测量仪器符合法定要求的活动，它包括检查、加标记和出具检定证书。仪器检定是指任何一个测量结果或计算标准的值，都能通过一条具有规定不确定度的比较链，与计量基准（国家基准或国际基准）联系起来，从而使准确性和一致性得到保证。对仪器设备进行检定时，一般应检验列出的全部计量参数。

2. 准确性:是指测量结果与被测真值的一致程度。

仪器设备计量检定的依据是计量检定规程,计量检定规程是指为评定计量器具的计量特性,规定了计量性能、法制计量控制要求、检定条件和检定方法以及检定周期等内容,并对计量器具作出合格与否的判定的计量技术法规。

3. 凡列入《中华人民共和国依法管理的计量器具目录》,直接用于贸易结算、安全防护、医疗卫生、环境检测方面的工作计量器具,必须定点、定期送检,如玻璃液体温度计、天平、流量计、压力表等实行强制检定,取得检定证书的设备均为合格设备。

4.《中华人民共和国计量法实施细则》规定:计量检定工作应符合经济合理,就地就近的原则,不受行政区划和部门管辖的限制。

考点三:校准

1. 校准在规定条件的一组操作,其第一步是确定由测量标准提供的量值与相应示值之间的关系,第二步是用此信息确定由示值获得测量结果的关系,这里测量标准提供的量值与相应示值都具有测量不确定度。

2. 校准可以用文字说明、校准函数、校准图、校准曲线或校准表格的形式表示,某些情况下,可以包含示值的具有测量不确定度的修正值或修正因子。校准不应与测量系统的调整(常被错误称作“自校准”)相混淆,也不应与校准的验证相混淆。对仪器设备进行校准时,可根据仪器设备使用场合的实际需要,检验必要的全部或部分计量参数。

3. 设备校准周期以及后续校准周期的调整,一般均由实验室(设备使用者)自己来确定。即使校准证书给出了校准周期的建议,也不宜直接使用。

4. 并非试验室的每台设备都需要校准,试验室应评估该设备对最终结果的影响,分析其不确定度对总不确定度的贡献,合理地确定是否需要校准。对于不需要校准的设备,试验室应核查其状态是否满足要求。

考点四:自校准和自校验

1. 自校准:利用测量设备自带的校准程序或功能或设备厂商提供的没有溯源证书的标准样品的校准活动,通常情况下,其不是有效的量值溯源活动。

2. 自校验(内部校准)。

试验室实施内部校准应优先采用标准方法。当没有标准方法时,可以使用自编方法测量设备制造商推荐的方法等非标方法。使用外部非标方法时应转化为试验室文件。非标方法使用前应经过确认。

考点五:验证

1. 试验室常用的试验检测软件有测量仪器设备本身自带的用于计算的软件、试验室根据需要自行开发的软件、管理部门推广使用的软件,均需进行验算,验证包括变换方法进行计算、与已证实的进行比较、进行试验和演示、文件发布前进行评审。

2. 量筒、滴定管等有刻度的玻璃器皿检定周期可采取首次检定终身使用。

考点六：检定和校准的区别(图 11-2)

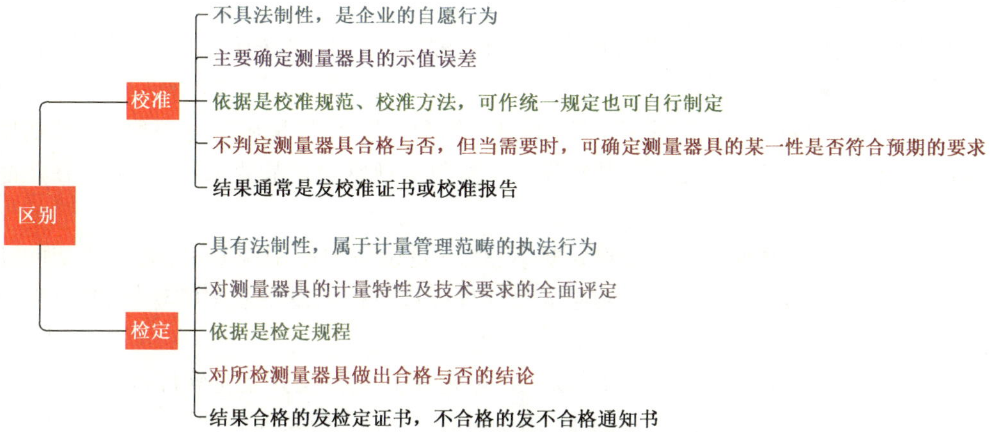

图 11-2　检定与校准的区别

考点七：仪器设备的状态标识

1. 仪器设备的状态标识分为“合格”“准用”和“停用”三种，通常以“绿”“黄”“红”三种颜色表示，具体标识为：

(1)合格标志(绿色)：表示经校准、检定或验证(比对)合格，确认其符合检验检测技术规范规定的使用要求。

(2)准用标志(黄色)：仪器设备存在部分缺陷，但在限定范围内可以使用的(即受限使用的)，包括：多功能检测设备，某些功能丧失，但检验检测所用功能正常，且校准、检定或验证(比对)合格者；测试设备某一量程准确度不合格，但检验检测所用量程合格者；降等降级后使用的仪器设备。

(3)停用标志(红色)：仪器设备目前状态不能使用，但经校准或核查证明合格或修复后可以使用的，不是检验检测机构不需要的废品杂物。废品杂物应予清理，以保持检验检测机构的整洁。

2. 停用设备一般包括：损坏的、检定校准不合格的、性能无法确定的、超过周期未检定的、不符合检测/校准技术规范的(不允许不明状态的仪器设备摆放在实验室)。

第二节　计量结果的确认及运用

考点一：计量结果的确认与要求

1. 仪器设备的量程精度对检测结果的准确至关重要，对检定/校准机构或试验室出具的检定校准证书、测试报告，试验室应进行符合性确认评价；评定的内容包括仪器设备的关键量或示值误差是否在该仪器设备允许的误差范围内；是否满足相关检测标准和/或客户的要求；校准值的测量不确定度是否满足检测精度要求，被计量检定或校准的仪器设备是否可用于检测。做好对检定/校准结果与试验检测工作要求符合性的确认是确保试验检测数据准确可靠的前提。

2. 计量确认的定义。

为保证测量设备处于满足预期使用要求的状态所需要的一组操作，称为计量确认。

3. 计量确认的要求。

(1)只有测量设备已被证实适用于预期使用并形成文件，计量确认才算完成；预期使用要求包括：测量范围、分辨力、最大允许误差等。计量要求通常与产品要求不同，并不在产品要求中规定。

(2)计量确认的依据既不是计量检定规程，也不是设备的使用说明书，而是预期的使用要求。仪器设备在检定或校准之前，应依据试验规程或规范提出设备使用的量值、测量范围和精度要求。

(3)试验室的软件也视为试验室的设备，需要对所有设备及其相应软件进行确认。

(4)计量确认是将修正值或修正因子，用于设备的修正，提高准确性。

考点二：检定/校准证书的内容要求

计量检定证书和校准报告的内容通常包含溯源性信息，包括校准参数、所用标准器具，校准参数的误差或测量结果的不确定度信息，不应仅仅是定性描述而无定量值。检定/校准证书至少包括以下内容：

(1)被检定或校准的设备名称、型号；

(2)检定或校准的依据；

(3)检定或校准所用设备、精度或测量不确定度；

(4)被检定/校准设备参数及测量不确定度或误差；

(5)测试环境温度、相对湿度；

(6)检定证书下结论、校准证书(测试报告)无结论。

注：检定周期一般为 1 年，也可根据使用频率自定。

考点三：仪器设备示值误差符合性评定的基本方法

1. 对仪器设备特性进行符合性评定时，若评定值误差的不确定度与被评定仪器设备的最大允许误差之比≤1∶3，则可不考虑示值误差评定的测量不确定度的影响。

2. 测试报告未给出被测量值的不确定度时，若被测仪器示值误差在最大允许误差之内，则合格；超出最大允许误差，则不合格；不属于上述两种，为待定区。

第三节　校准数据线性回归处理方法

考点一：回归分析及分类

1. 回归分析：当两个变量 x 与 y 之间存在一定的关系，利用数理统计中的回归分析，来确定两种变数间的相互依赖的定量关系，这种统计分析方法即为回归分析。

2. 回归分析分为线性回归分析和非线性回归分析。

3. 如果在回归分析中，只包括一个自变量和一个因变量，且二者的关系可用一条直线近似表示，这种回归分析称为一元线性回归分析。如果回归分析中包括两个或两个以上的自变量，且因变量和自变量之间是线性关系，则称为多元线性回归分析。

考点二：一元线性回归拟合方程定义、表达式及特征

1. 当两个变量 x 与 y 之间用若干组数据表明其关联，每组数据在平面坐标系中，大致分布在一条线附近时，说明 x 与 y 之间存在线性关系，用直线方程表示 x 与 y 的关系：$y = bx + a$。

2. 相关系数 r_{xy}。

r_{xy}是反映 x、y 两个变量的关联程度，是描述回归方程线性相关的密切程度，取值范围为 $[-1,1]$。

(1) r_{xy}的绝对值越接近 1，x、y 的线性关系越好。

(2) 当 $r_{xy} = \pm 1$ 时，x、y 之间符合直线函数关系，称 x 与 y 完全相关。

(3) 当 r_{xy}趋近于 0，则 x 与 y 之间没有线性关系。

3. 对于一个具体问题，只有当相关系数 r_{xy} 的绝对值大于临界值 r_β 时，才可用直线近似表示 x 与 y 之间的关系，其中临界值 r_β 与测量数据的个数 n 和显著性水平 β 有关。

第四节　仪器设备期间核查

考点一：期间核查的概念及目的

1. 依据《通用计量术语及定义》(JJF 1001—2011)，期间核查是根据规定程序，为了确定计量标准、标准物质或其他测量仪器是否保持其原有状态而进行的操作。期间核查的概念可以表述为：在测量设备相邻两次校准或检定期间，采用可信的方法对其使用功能及测量性能进行的一种核查，验证其是否得到有效维持，旨在确认测量设备校准状态的可信程度。

2. 期间检查的目的：了解仪器设备在两次检定校准期间状态的可信度，减少偏差。

考点二：期间核查的对象

1. 期间核查不是一般的功能检查，更不是缩短检定校准周期，其目的是在两次校准/检定的间隔期间保持原有状态，防止使用不符合技术规范要求的设备。检测机构应在期间核查程序中列出期间核查设备的名称、方法、周期等内容。检验检测机构应根据设备的稳定性和使用情况来确定是否需要进行期间核查。

2. 期间核查的重点测量设备：

(1) 性能不稳定、漂移率大的；

(2) 使用非常频繁的；

(3)经常带到现场检测的;

(4)在恶劣环境中使用的;

(5)曾经过载或怀疑有质量问题的;

(6)因设备使用频率较低,标准周期长于标准规范时间规定。

考点三:仪器设备期间核查的方法及其判定原则

1. 期间核查方法多,一般考虑测量设备的特性、经济性、实用性、可靠性、可行性等。

2. 一般采用等精度核查方式:仪器间对比;标准物质验证;方法对比;加标回收;单点自校、用稳定性好的样品留样再测等。

3. 常用方法介绍。

(1)仪器间的比对。

①传递测量法:当对其他测量设备进行核查时,如果试验室具备更高准确度等级的同类测量设备或可以测量同类参数的设备,当这类设备的测量不确定度不超过被核查设备不确定度的 1/3 时,则可以用其对被核查设备进行检查,当结果表明被核查的相关特性符合其技术指标时,认为核查通过。当测量设备属于标准信号源时,也可以采用此方法。

②多台设备对比法。

③两台设备对比法。

(2)标准物质法(若无标准物质,可用已经过定值的标准溶液)。

(3)留样再测法(稳定性实验法、重复测量法)。

(4)实物样件检查法:用于测量限值的仪器设备,超出则报警。

(5)自带标样检查法:仪器设备自带标准样块,或自动校准系统。

(6)直接测量法:属于标准信号源的,若具有计量标准,可用传递量值法;不具备的使用直接测量法。包括:实验室间比对法和方法对比法。

考点四:标准物质/标准样品的特性及期间核查

1. 标准物质是具有足够均匀和稳定的特定特性的物质,其特性被证实适用于测量中或标称特性检查中的预期用途。标准物质分为有证标准物质和参考标准物质。

2. 有证标准物质相关知识。

(1)附有认定证书的标准物质,其一种或多种特性量值用建立了溯源性的程序确定,使之可溯源至准确复现的表示该特性值的测量单位,每一种认定的特性量值都附有给定置信水平的不确定度。所有有证标准物质都需经国家计量行政主管部门批准发布。

(2)有证标准物质在研制过程中,对材料的选择、制备、稳定性、均匀性、检测、定值、存储、包装、运输等均进行了充分的研究,为了保证标准物质量值的准确可靠,研制者一般都要选择 6 ~ 8 家的机构共同为标准物质进行测量、定值。

(3)根据准确度的高低,标准物质分为两级,一级标准物质由国家计量部门制作颁发或出售,二级标准物质由各专业部门制作,供厂矿或检验检测机构日常使用。一般一级标准物质的准确度比二级标准物质高 3 ~ 5 倍,二级标准物质应溯源到一级标准物质,一级标准物质应溯源到 SI 单位。

考点五：期间核查、检定、校准的区别(表 11-1)

期间核查、检定、校准的区别　　表 11-1

名称	检定	校准	期间核查
目的	解决仪器设备是否合格的问题	解决仪器设备是否准确的问题	解决仪器设备是否稳定的问题
实施主体	经授权的法定计量部门	有资格的校准机构	检验检测机构
方法	溯源的计量标准依据检定规程	经溯源的计量标准依据校准规程	参考标准；设备比对
对象	有检定规程的仪器设备	凡是对检测、校准、抽样结果或有效性、准确性设备有显著影响的	需要时进行
周期	法规规定	自行规定	两次检定、校准期间
范围	规程规定	校准规范规定	机构自行规定

第五节　公路水运工程试验检测仪器设备计量要求

一、《公路工程试验检测仪器设备服务手册》

考点一：仪器设备编号规则(图 11-3)

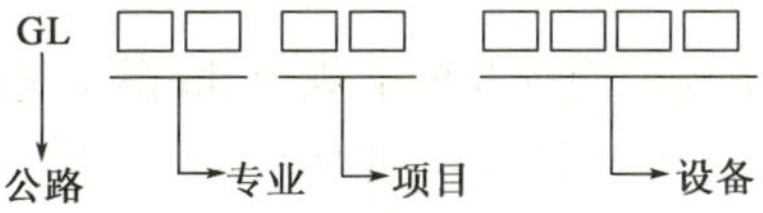

图 11-3　仪器设备编号规则

专业：道路工程专业(01)、桥隧工程专业(02)和交通工程专业(03)。

项目：道路工程专业项目为 01-13、20，桥隧工程专业为 01-14，交通工程专业为 01-07。

考点二：溯源方式分类

1. 根据溯源方式分为通用类、专用类和工具类三类，按照行业习惯，分类一般用Ⅰ类、Ⅱ类和Ⅲ类表示。

2. 具有公开发布的国家或交通运输部部门计量检定规程及校准规范的仪器设备，在“依据标准”中标明具体文件。根据“依据标准”和“检验参数”所示内容进行检定/校准，共计 97 种，用“Ⅱ-1”表示。

无公开发布的国家或交通运输部部门计量检定规程及校准规范的仪器设备，在“依据标准”中为空白栏。按检测标准/规范要求，需编制国家或交通运输部部门计量检定规程及校准规范。对影响检测的主要参数进行检定/校准，共计 128 种，其管理类别用“Ⅱ-2”表示；对于Ⅰ类 264 种通用类设备和Ⅲ类 85 种工具类设备，暂未列入《服务手册》，可由社会公用计量技术机构负责溯源，使用单位自行开展检验工作。

考点三:检验参数

当"依据标准"为计量检定规程时,列出检定规程中首次检定和后续检定的全部项目;当"依据标准"为校准规范时,列出全部校准项目;当"依据标准"为多个技术文件时,按照行业需求列出检定/校准项目;当无"依据标准"时,则根据公路工程试验检测专业特点并结合其他公开发布的技术文件,列出推荐校准项目。对仪器设备进行检定时,若设备为首次检定,检定参数为全部项目;若设备为后续检定,检定参数为非下划线项目。对仪器设备进行校准,可根据仪器设备实际使用的需要,校准全部或部分必要的检验参数。

二、《水运工程试验检测仪器设备检定/校准指导手册》

考点四:仪器设备编号规则(图11-4)

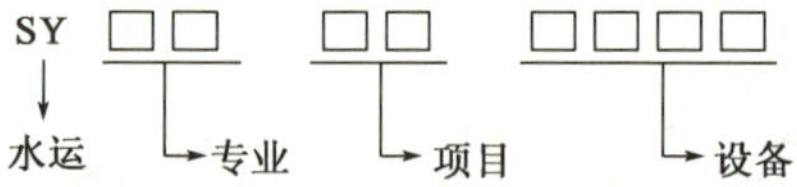

图11-4　仪器设备编号规则

专业:材料检测专业(01)、结构(地基)检测专业(02)和水文地质测绘专业(03)。

项目:材料检测专业项目为01-19,结构(地基)检测专业项目为01-06,水文地质测绘专业项目为01-04。

考点五:管理类别分类

Ⅰ类:有公开发布的国家计量检定规程及校准规范,取得检定证书或校准证书。共计126种。

Ⅱ类:共118种。分两种情况进行管理:(Ⅱ-1):有公开发布的国家或交通运输部部门计量检定规程及校准规范的仪器设备(42种)。(Ⅱ-2):无公开发布的国家或交通运输部部门计量检定规程及校准规范的仪器设备(76种)。

Ⅲ类:共计74种。此类仪器设备应开展内部校准或自行维护。

考点六:检定/校准周期

Ⅰ类和Ⅱ-1类仪器设备中,"依据标准"中有规定采用规范要求,无规定的根据仪器设备量值溯源的需要给出建议校准周期。

Ⅱ-2类仪器设备,根据仪器设备量值溯源的需要,给出建议的溯源周期。

第六节　检验检测分析仪器通用技术要求

考点一:分析仪器分类

按检测原理分为电化学式仪器、光学式仪器、色谱仪器、质谱仪器、波谱仪器、能谱和射线仪器、热学式仪器。

考点二：通用要求

工作条件、外观和结构、功能、性能特性、接口、安全性、环境适应性、可靠性、电磁兼容性、成套性。

第十二章　公路水运工程质量检验评定相关标准基础知识

考点一：公路工程质量检评标准简介

1.《公路工程质量检验评定标准　第一册　土建工程》(JTG F80/1—2017)适用于各等级公路新建与改扩建工程施工质量的检验评定。包含检验标准和评定准则两部分内容。

2. 质量等级评定。

(1)质量等级评定首先应进行工程划分，然后按照"两级制度、逐级评定、合规定质"的原则进行评定。

(2)按工程建设规模大小，结构部位和施工工序将建设项目划分为单位工程、分部工程和分项工程。

单位工程：具有独立施工条件和结构功能的工程。

分部工程：在单位工程中，应按结构部位、路段长度及施工特点或施工任务划分为若干个分部工程。

分项工程：在分部工程中，按不同的施工工序、工艺或材料等划分为若干个分项工程。

(3)工程质量检验评定以分项工程为基本单元，采用合格率法进行。分项工程质量检验内容包括基本要求、实测项目、外观鉴定和质量保证资料四个部分。

检查项目分为一般项目和关键项目。涉及结构安全和使用功能的重要实测项目为关键项目，其他项目均为一般项目。关键项目在《公路工程质量检评标准》中以"△"标示，其合格率不得低于95%，机电工程为100%；一般项目的合格率应不低于80%；否则该检查项目为不合格。

(4)工程质量等级评定分为合格与不合格，应按分项工程、分部工程、单位工程、合同段和建设项目逐级评定。

评定为不合格的分项工程、分部工程，经返工、加固、补强或调测，满足设计要求后，可重新进行检验评定。

考点二：水运工程质量检验标准简介

1.《水运工程质量检验标准》涵盖了港口工程、航道工程、修造船厂水工建筑物等水运建设工程质量的检验方法，检验程序和质量标准等内容。

2. 涉及结构安全的试块、试件和现场检验项目，施工单位应按规定进行检验，监理单位应按规定进行见证抽样检验或平行检验。涉及结构安全和使用功能的重要分部工程应按相应规定进行抽样检验或验证性检验。

3. 一般检验项目的质量经检验应全部合格。其中允许偏差的抽查合格率应达到 80% 及其以上，且不合格点的最大偏差值对于影响结构安全和使用功能的不得大于允许偏差值的1.5倍，对于机械设备安装工程不得大于允许偏差值的 1.2 倍。

补充规范、文件考点摘抄(选择性学习)

一、工地试验室标准化建设要点

考点 1:工地试验室的设立要求

1. 工地试验室应按合同段单独设立,工程规模过大时应设立分试验室。同一合同段内施工、监理单位的工地试验室不得由同一家母体检测机构授权设立。

2. 母体检测机构应在其等级证书核定的业务范围内对工地试验室进行授权,上年度信用评价等级在 C 级及以下的检测机构不宜作为授权设立工地试验室的母体检测机构。

3. 工地试验室按照规定到项目质监机构登记备案后,方可开展试验检测工作。

4. 工地试验室应在母体检测机构授权的范围内,为工程建设项目提供试验检测数据,不得对外承揽试验检测业务。

考点 2:工地试验室的外委管理

1. 工地试验室应加强外委试验管理,超出母体检测机构授权范围的试验检测项目和参数应进行外委,外委试验应向项目建设单位报备。

2. 接受外委试验的检测机构应取得“公路水运工程质量检测机构资质证书”(含相应参数)、通过计量认证(含相应参数)且上年度信用等级为 B 级及以上。工地试验室应将接受外委试验的检测机构的有关证书复印件存档备查。

3. 外委试验取样、送样过程应进行见证。工地试验室应对外委试验结果进行确认。

4. 工程建设项目的同一合同段中的施工、监理单位和检测机构不得将外委试验委托给同一家检测机构。

二、检验检测机构资质认定告知承诺实施办法(试行)

考点 3:告知承诺方式

第 3 条 检验检测机构首次申请资质认定、申请延续资质认定证书有效期、增加检验检测项目、检验检测场所变更时,可以选择以告知承诺方式取得相应资质认定。

考点 4:承诺内容

第 6 条 申请机构愿意作出承诺的,应当对下列内容作出承诺:

(1)所填写的相关信息真实、准确;

(2)已经知悉资质认定部门告知的全部内容;
(3)本机构能够符合资质认定部门告知的条件和技术能力要求,并按照规定接受后续核查;
(4)本机构能够提交资质认定部门告知的相关材料;
(5)愿意承担虚假承诺或者承诺内容严重不实所引发的相应法律责任;
(6)所作承诺是本机构的真实意思表示。

考点5:认定及发证

第9条 申请机构在规定时间内提交的申请材料齐全、符合法定形式的,资质认定部门应当当场作出资质认定决定。资质认定部门应当自作出资质认定决定之日起7个工作日内,向申请机构颁发资质认定证书。

考点6:罚则

第11条 对于机构作出虚假承诺或者承诺内容严重不实的,由资质认定部门依照《行政许可法》的相关规定撤销资质认定证书或者相应资质认定事项,并予以公布。被资质认定部门依法撤销资质认定证书或者相应资质认定事项的检验检测机构,其基于本次行政许可取得的利益不受保护,对外出具的相关检验检测报告不具有证明作用,并承担因此引发的相应法律责任。

第12条 对于检验检测机构作出虚假承诺或者承诺内容严重不实的,由资质认定部门记入其信用档案,该检验检测机构不再适用告知承诺的资质认定方式。

三、检验检测机构资质认定管理办法

考点7:相关定义

第2条 本办法所称检验检测机构,是指依法成立,依据相关标准或者技术规范,利用仪器设备、环境设施等技术条件和专业技能,对产品或者法律法规规定的特定对象进行检验检测的专业技术组织。

本办法所称资质认定,是指市场监督管理部门依照法律、行政法规规定,对向社会出具具有证明作用的数据、结果的检验检测机构的基本条件和技术能力是否符合法定要求实施的评价许可。

第4条 国家市场监督管理总局(以下简称市场监管总局)主管全国检验检测机构资质认定工作,并负责检验检测机构资质认定的统一管理、组织实施、综合协调工作。

考点8:资质认定工作遵循的原则

第7条 检验检测机构资质认定工作应当遵循统一规范、客观公正、科学准确、公平公开,便利高效的原则。

四、资质认定条件和程序

考点9:检验检测机构申请资质认定的条件

第9条 申请资质认定的检验检测机构应当符合以下条件:

(1)依法成立并能够承担相应法律责任的法人或者其他组织;
(2)具有与其从事检验检测活动相适应的检验检测技术人员和管理人员;
(3)具有固定的工作场所,工作环境满足检验检测要求;
(4)具备从事检验检测活动所必需的检验检测设备设施;
(5)具有并有效运行保证其检验检测活动独立、公正、科学、诚信的管理体系;
(6)符合有关法律法规或者标准、技术规范规定的特殊要求。

考点 10:资质认定程序及证书有效期

第 10 条　检验检测机构资质认定程序分为一般程序和告知承诺程序。除法律、行政法规或者国务院规定必须采用一般程序或者告知承诺程序的外,检验检测机构可以自主选择资质认定程序。检验检测机构资质认定推行网上审批,有条件的市场监督管理部门可以颁发资质认定电子证书。

第 11 条　检验检测机构资质认定一般程序

(1)申请资质认定的检验检测机构(以下简称申请人),应当向市场监管总局或者省级市场监督管理部门(以下统称资质认定部门)提交书面申请和相关材料,并对其真实性负责。

(2)资质认定部门应当对申请人提交的申请和相关材料进行初审,自收到申请之日起 5 个工作日内作出受理或者不予受理的决定,并书面告知申请人。

(3)资质认定部门自受理申请之日起,应当在 30 个工作日内,依据检验检测机构资质认定基本规范、评审准则的要求,完成对申请人的技术评审。技术评审包括书面审查和现场评审(或者远程评审)。由于申请人整改或者其他自身原因导致无法在规定时间内完成的情况除外。

(4)资质认定部门自收到技术评审结论之日起,应当在 10 个工作日内,作出是否准予许可的决定。准予许可的,自作出决定之日起 7 个工作日内,向申请人颁发资质认定证书。不予许可的,应当书面通知申请人,并说明理由。

第 12 条　采用告知承诺程序实施资质认定的,按照市场监管总局有关规定执行。

资质认定部门作出许可决定前,申请人有合理理由的,可以撤回告知承诺申请。告知承诺申请撤回后,申请人再次提出申请的,应当按照一般程序办理。

第 13 条　资质认定证书有效期为 6 年。

需要延续资质认定证书有效期的,应当在其有效期届满 3 个月前提出申请。

考点 11:须办理变更登记手续的内容

第 14 条　有下列情形之一的,检验检测机构应当向资质认定部门申请办理变更手续:
(1)机构名称、地址、法人性质发生变更的;
(2)法定代表人、最高管理者、技术负责人、检验检测报告授权签字人发生变更的情形;
(3)资质认定检验检测项目取消的;
(4)检验检测标准或者检验检测方法发生变更的;
(5)依法需要办理变更的其他事项。

检验检测机构申请增加资质认定检验检测项目或者发生变更的事项影响其符合资质认定条件和要求的,依照本办法第十条规定的程序实施。

考点 12:资质认定证书包括的内容

第 15 条 资质认定证书内容包括:发证机关、获证机构名称和地址、检验检测能力范围、有效期限、证书编号、资质认定标志。

第 20 条 检验检测机构不得转让、出租、出借资质认定证书或者标志;不得伪造、变造、冒用、租借资质认定证书或者标志;不得使用已失效、撤销、注销的资质认定证书和标志。

第 21 条 检验检测机构向社会出具具有证明作用的检验检测数据、结果的,应当在其检验检测报告上加盖检验检测专用章,并标注资质认定标志。

第 22 条 资质认定部门应当在其官方网站上公布取得资质认定的检验检测机构信息,并注明资质认定证书状态。

五、技术评审管理

考点 13:技术评审的要求和整改

第 24 条 资质认定部门根据技术评审需要和专业要求,可以自行或者委托专业技术评价机构组织实施技术评审,资质认定部门或者其委托的专业技术评价机构组织现场技术评审(或远程评审)时,应当指派两名以上与技术评审内容相适应的评审员组成评审组,并确定评审组组长。必要时,可以聘请相关技术专家参加技术评审。

第 25 条 评审组应当严格按照资质认定基本规范、评审准则开展技术评审活动,在规定时间内出具技术评审结论。专业技术评价机构、评审组应当对其承担的技术评审活动和技术评审结论的真实性、符合性负责,并承担相应法律责任。

第 26 条 评审组在技术评审中发现有不符合要求的,应当书面通知申请人限期整改,整改期限不得超过 30 个工作日。逾期未完成整改或者整改后仍不符合要求的,相应评审项目应当判定为不合格。

考点 14:技术评审的监管

第 28 条 资质认定部门应当对技术评审活动进行监督,建立责任追究机制。

资质认定部门委托专业技术评价机构组织开展技术评审的,应当对专业技术评价机构及其组织的技术评审活动进行监督。

第 29 条 专业技术评价机构、评审人员在评审活动中有下列情形之一的,资质认定部门可以根据情节轻重,对其进行约谈、暂停直至取消委托其从事技术评审活动:

(1)未按照资质认定基本规范、评审准则规定的要求和时间实施技术评审的;

(2)对同一检验检测机构既从事咨询又从事技术评审的;

(3)与所评审的检验检测机构有利害关系或者其评审可能对公正性产生影响,未进行回避的;

(4)透露工作中所知悉的国家秘密、商业秘密或者技术秘密的;

(5)向所评审的检验检测机构谋取不正当利益的;

(6)出具虚假或者不实的技术评审结论的。

考点15:注销及撤销证书

第31条　检验检测机构有下列情形之一的,资质认定部门应当依法办理注销手续:

(1)资质认定证书有效期届满,未申请延续或者依法不予延续批准的;

(2)检验检测机构依法终止的;

(3)检验检测机构申请注销资质认定证书的;

(4)法律、法规规定应当注销的其他情形。

第32条　以欺骗、贿赂等不正当手段取得资质认定的,资质认定部门应当依法撤销资质认定。

被撤销资质认定的检验检测机构,三年内不得再次申请资质认定。

第33条　检验检测机构申请资质认定时提供虚假材料或者隐瞒有关情况的,资质认定部门应当不予受理或者不予许可。检验检测机构在一年内不得再次申请资质认定。

考点16:相关处罚

第34条　检验检测机构未依法取得资质认定,擅自向社会出具具有证明作用的数据、结果的,由县级以上质量技术监督部门责令改正,处3万元罚款。

第36条　检验检测机构有下列情形之一的,法律、法规对撤销、吊销、取消检验检测资质或者证书等有行政处罚规定的,依照法律、法规的规定执行;法律、法规未作规定的,由县级以上市场监督管理部门责令限期改正,处3万元罚款:

(1)基本条件和技术能力不能持续符合资质认定条件和要求,擅自向社会出具具有证明作用的检验检测数据、结果的;

(2)超出资质认定证书规定的检验检测能力范围,擅自向社会出具具有证明作用的数据、结果的。

第37条　检验检测机构违反本办法规定,转让、出租、出借资质认定证书或者标志,伪造、变造、冒用资质认定证书或者标志,使用已经过期或者被撤销、注销的资质认定证书或者标志的,由县级以上市场监督管理部门责令改正,处3万元以下罚款。

六、检验检测机构监督管理办法

考点17:责任与原则

第5条　检验检测机构及其人员应当对其出具的检验检测报告负责,依法承担民事、行政和刑事法律责任。

第6条　检验检测机构及其人员从事检验检测活动应当遵守法律、行政法规、部门规章的规定,遵循客观独立、公平公正、诚实信用原则,恪守职业道德,承担社会责任。

检验检测机构及其人员应当独立于其出具的检验检测报告所涉及的利益相关方,不受任何可能干扰其技术判断的因素影响,保证其出具的检验检测报告真实、客观、准确、完整。

考点18:分包要求

第10条　需要分包检验检测项目的,检验检测机构应当分包给具备相应条件和能力的检验检测机构,并事先取得委托人对分包的检验检测项目以及拟承担分包项目的检验检测机构的同意。

检验检测机构应当在检验检测报告中注明分包的检验检测项目以及承担分包项目的检验检测机构。

考点19:保密和自我声明

第15条 检验检测机构及其人员应当对其在检验检测工作中所知悉的国家秘密、商业秘密予以保密。

第16条 检验检测机构应当在其官方网站或者以其他公开方式对其遵守法定要求、独立公正从业、履行社会责任、严守诚实信用等情况进行自我声明,并对声明内容的真实性、全面性、准确性负责。

考点20:监督职权

第20条 市场监督管理部门可以依法行使下列职权:

(1)进入检验检测机构进行现场检查;

(2)向检验检测机构、委托人等有关单位及人员询问、调查有关情况或者验证相关检验检测活动;

(3)查阅、复制有关检验检测原始记录、报告、发票、账簿及其他相关资料;

(4)法律、行政法规规定的其他职权。

七、关于进一步加强公路水运工程工地试验室管理工作的意见

考点21:工地试验室的业务范围及印章

1. **第8条** 工地试验室应在母体质量检测机构授权的范围内,为工程建设项目提供试验检测服务,不得对外承揽试验检测业务。

2. 工地试验室出具的试验检测报告应加盖工地试验室印章,印章包含的基本信息有:母体质量检测机构名称+建设项目标段名称+工地试验室。

考点22:工地试验室授权负责人的信用评价及处理

1. 工地试验室授权负责人信用等级被评为信用较差的,2年内不能担任工地试验室授权负责人。信用等级被评为信用很差的,5年内不能担任工地试验室授权负责人。

2. 工地试验室信用评价结果小于或等于70分的,其授权负责人两年内不能担任工地试验室授权负责人。

八、建设工程质量管理条例

考点23:建设工程质量负责单位

1. 建设单位、勘察单位、设计单位、施工单位、工程监理单位依法对建设工程质量负责。

2. 工程监理单位的质量责任和义务

第 37 条　工程监理单位应当选派具备相应资格的总监理工程师和监理工程师进驻施工现场。

考点 24:监理工程师的责任和义务

未经监理工程师签字,建筑材料、建筑构配件和设备不得在工程上使用或者安装,施工单位不得进行下一道工序的施工。未经总监理工程师签字,建设单位不拨付工程款,不进行竣工验收。

考点 25:相关罚则

第 56 条　违反本条例规定,建设单位有下列行为之一的,责令改正,处 20 万元以上 50 万元以下的罚款:

(1)迫使承包方以低于成本的价格竞标的;

(2)任意压缩合理工期的;

(3)明示或者暗示设计单位或者施工单位违反工程建设强制性标准,降低工程质量的;

(4)施工图设计文件未经审查或者审查不合格,擅自施工的;

(5)建设项目必须实行工程监理而未实行工程监理的;

(6)未按照国家规定办理工程质量监督手续的;

(7)明示或者暗示施工单位使用不合格的建筑材料、建筑构配件和设备的;

(8)未按照国家规定将竣工验收报告、有关认可文件或者准许使用文件报送备案的。

九、检测和校准实验室能力认可准则

考点 26:资源要求

1. 设施和环境条件。

2. 设施和环境条件应适合实验室活动,不应对结果有效性产生不利影响。

注:对结果有效性有不利影响的因素可能包括但不限于:微生物污染、灰尘、电磁干扰、辐射、湿度、供电、温度、声音和振动。

3. 实验室应将从事实验室活动所必需的设施及环境条件的要求形成文件。当相关规范、方法或程序对环境条件有要求时,或环境条件影响结果的有效性时,实验室应监测、控制和记录环境条件。

4. 实验室应实施、监控并定期评审控制设施的措施,这些措施应包括但不限于:

(1)进入和使用影响实验室活动区域的控制;

(2)预防对实验室活动的污染、干扰或不利影响;

(3)有效隔离不相容的实验室活动区域。

5. 当实验室在永久控制之外的地点或设施中实施实验室活动时,应确保满足本准则中有关设施和环境条件的要求。

第二部分　金题汇编

第一章　概　　述

第一节　新时代交通强国建设面临的机遇和任务

1.【2024 检师单选】《质量强国建设纲要》提出建立质量安全(　　)制度,为新产品新业态发展提供容错纠错空间。

A. 备案　　B. 告知承诺　　C. 沙盒监管　　D. 例外放行

2.【2024 检师判断】《国家标准化发展纲要》提出,优化标准供给结构,充分释放市场主体标准化活力,优化政府颁布标准与市场自主制定标准二元结构,大幅提升市场自主制定标准的比重。(　　)

3.【2024 检师多选】《质量强国建设纲要》要求实施服务品质升级计划,要求开展质量标杆企业创建行动的生产性服务领域的有(　　)。

A. 文化　　B. 旅游　　C. 商务咨询　　D. 检验检测

4.【2024 助理单选】习近平主席在第二届联合国全球可持续交通大会开幕式上的主旨讲话中提出中国将继续推进高质量共建“一带一路”,加强同各国基础设施互联互通,加快建设绿色丝绸之路和(　　)丝绸之路。

A. 数字　　B. 生态　　C. 海上　　D. 创新

5.【2024 助理多选】《交通强国建设纲要》提出,推进出行服务快速化、便捷化。构筑以(　　)为主体的大容量、高效率区际快速客运服务,提升主要通道旅客运输能力。

A. 高铁　　B. 航空　　C. 干线公路　　D. 高速公路

6.【2023 检师单选】《中共中央　国务院关于开展质量提升行动的指导意见》所确立的主要目标是(　　)。

A. 提升装备制造竞争力　　B. 促进消费品提质升级

C. 增加农产品、食品药品优质供给　　D. 产品、工程和服务质量明显提升

7.【2023 检师单选】在第二届联合国全球可持续交通大会开幕式上,习近平主席在主旨讲话中提出:要大力发展(　　),推动大数据、互联网、人工智能、区块链等新技术与交通行业深度融合,使人车其行、物畅其流。

A. 综合交通和多式联运　　B. 智慧交通和智慧物流

C. 平安交通和绿色交通　　D. 交通领域多网融合

8.【2023 检师判断】“四好农村路”是指把农村公路建好、管好、护好、运营好。　(　)

9.【2023 检师判断】《交通强国建设纲要》中的“两个交通圈”是指“全国 123 出行交通圈”和“全球 123 快货物流圈”。　(　)

10.【2023 检师多选】根据《国家标准化发展纲要》,关于国家标准化发展目标的说法正确的有(　)。

A. 国家标准平均制定周期缩短至 18 个月以内

B. 国家标准平均制定周期缩短至 24 个月以内

C. 国际标准转化率达到 85% 以上

D. 国际标准转化率达到 80% 以上

11.【2023 检师多选】根据《中共中央　国务院关于开展质量提升行动的指导意见》,围绕重点产品、重点行业开展(　),找准比较优势、行业通病和质量短板,研究制定质量问题解决方案。

A. 质量状况调查　B. 组织质量比对　C. 会商会诊　D. 质量攻关

12.【2023 检师多选】《交通强国建设纲要》提出,要强化交通基础设施养护,加强基础设施运行监测检测,提高养护专业化、信息化水平,增强设施(　)。

A. 适用性　B. 耐久性　C. 可靠性　D. 稳定性

13.【2022 检师单选】《交通强国建设纲要》提出,要以(　)六大国际经济合作走廊为主题,推进与周边国家铁路、公路、航道、汽油管道等基础设施互联互通。

A. “一带一路”　B. 西部陆海新通道　C. 中欧国际班列　D. 丝绸之路经济带

14.【2022 检师单选】《交通强国建设纲要》提出,要全面实施市场准入负面清单制度,构建以(　)为基础的新型监管机制。

A. 信用　B. 规则　C. 制度　D. 资质

15.【2022 检师判断】《交通强国建设纲要》提出,到本世纪中叶,基础设施规模质量、技术装备、科技创新能力、智能化与绿色化水平位居世界前列。　(　)

【本节答案】[1]

1. C	2. √	3. CD	4. A	5. AB
6. D	7. B	8. √	9. √	10. AC
11. ABC	12. BC	13. D	14. A	15. √

第二节　相关政策促进形成公路水运工程试验检测发展新格局

1.【2024 检师单选】根据《交通运输部关于修订〈公路建设市场信用信息管理办法(试

[1] 本书金题答案配有详细解析,请考生微信扫描封面二维码(刮开涂层),在电子题库中查看。

行)〉的通知》(交公路规〔2021〕3号),信用评价信息由(　　)。

A. 从业单位自行录入

B. 市级交通运输主管部门录入

C. 省级交通运输主管部门录入

D. 交通运输部和省级交通运输主管部门分别录入

2.【2024检师单选】《交通运输部关于加强公路水运工程建设质量安全监督管理工作的意见》(交安监规〔2022〕7号)要求深化平安工地建设,推进平安工地建设全覆盖,全面落实工程项目(　　)的安全管理目标。

A. 零死亡　　B. 零隐患　　C. 零事故　　D. 零伤亡

3.【2024检师单选】根据《交通运输部关于修订〈公路建设市场信用信息管理办法(试行)〉的通知》(交公路规〔2021〕3号),从业单位基本信息在公路建设市场信用信息管理系统中处于锁定状态,发生变化的,应于(　　)内向负责公布相应信息的交通运输主管部门提出申请后予以更新。

A. 5个工作日　　B. 10天　　C. 10个工作日　　D. 15天

4.【2024检师多选】《交通运输部关于加强公路水运工程建设质量安全监督管理工作的意见》(交安监规〔2022〕7号)要求依法严格质量安全事故报告和调查处理,建立(　　)制度。

A. 责任追究

B. 三级预警

C. 整改督办

D. 质量安全事故(险情)原因深度技术调查分析

5.【2024助理单选】根据《交通运输部关于加强公路水运工程建设质量安全监督管理工作的意见》(交安监规〔2022〕7号),建设单位承担(　　)质量责任。

A. 首要　　B. 次要　　C. 连带　　D. 监管

6.【2023检师判断】《交通运输部关于修订公路建设市场信用信息管理办法(试行)的通知》(交公路规〔2021〕3号)中规定:省级及以上交通运输主管部门在动态管理中,发现勘察、设计、施工、监理、试验检测等单位的人员、业绩等指标低于相关资质、资格标准要求的,应对该单位提出整改预警,整改后仍不符合要求的,可采取限制投标的措施,直至依法降低其资质等级。(　　)

7.【2023检师多选】根据《交通运输部关于加强公路水运工程建设质量安全监督管理工作的意见》(交安监规〔2022〕7号),关于落实质量检测单位检测质量责任的说法正确的有(　　)。

A. 质量检测单位应依法依规全面加强工地试验室建设和管理,独立、公正出具试验检测数据和报告

B. 鼓励建设单位委托第三方质量检测单位建立工地中心试验室,严格对工程材料、产品进行检验,对工程实体质量进行抽检,加强标准试验管理

C. 严格落实产品出厂检验制度,确保检验资料及合格证书完整准确,保障产品可追溯

D. 质量检测单位对试验检测结果负责

【本节答案】

1. D　　2. A　　3. C　　4. CD　　5. A　　6. ×　　7. ABD

第二章　公路水运工程试验检测管理相关法律法规及政策

第一节　计量法及计量法实施细则

1.【2024 检师单选】根据《中华人民共和国计量法实施细则》,(　　)计量行政部门对当地销售的计量器具实施监督检查。

A. 省级以上地方人民政府　　B. 市级以上地方人民政府

C. 县级以上地方人民政府　　D. 地级及以上地方人民政府

2.【2024 检师判断】对未列入国家强制检定管理范围,但对测量结果有显著影响的仪器设备,应优先寻求满足要求的、政府有关部门授权的外部校准机构提供校准服务。　　(　　)

3.【2024 检师多选】根据《中华人民共和国计量法》,下列器具须实行强制检定的有(　　)。

A. 市场上用的公平秤　　B. 社会公用计量标准器具

C. 企事业单位使用的最高计量标准器具　　D. 公路水运工程试验检测专用设备

4.【2024 助理单选】根据《中华人民共和国计量法》,制造计量器具的企业、事业单位生产本单位未生产过的计量器具新产品,必须经(　　)对其样品的计量性能考核合格,方可投入生产。

A. 国务院计量行政部门　　B. 省级以上人民政府计量行政部门

C. 市级以上人民政府计量行政部门　　D. 县级以上人民政府计量行政部门

5.【2024 助理多选】根据《中华人民共和国计量法》,制造、修理计量器具的企业、事业单位,必须具有与所制造、修理的计量器具相适应的(　　)。

A. 人员　　B. 设施

C. 检定仪器设备　　D. 计量基准器具

6.【2023 检师单选】根据《中华人民共和国计量法实施细则》,计量器具新产品定型鉴定,由(　　)计量行政部门授权的技术机构进行;样机试验由所在地方的(　　)人民政府计量行政部门授权的技术机构进行。

A. 国务院;省级　　B. 国务院;市级　　C. 省级;省级　　D. 省级;县级

7.【2022 检师判断】根据《中华人民共和国计量法》,列入国家强制检定目录的计量器具应实施强制检定。　　(　　)

8.【2022 检师判断】根据《中华人民共和国计量法实施细则》,企业、事业单位建立本单位各项最高计量标准,须向其主管部门上一级的人民政府计量行政部门申请考核。　　(　　)

9.【2022 助理单选】根据《中华人民共和国计量法》,制造、修理计量器具的企业、事业单位必须对制造、修理计量器具进行检定,保证产品计量性能合格,并对合格产品出具(　　)。

A. 生产许可证　　B. CMC 证书

C. 产品合格证　　D. 检定合格证

10.【2022 助理多选】在中华人民共和国境内,建立(　　),进行计量检定,制造、修理、销售、使用计量器具,必须遵守《中华人民共和国计量法》。

A. 计量基准器具　　B. 计量标准器具

C. 计量参考器具　　D. 工作计量器具

11.【2021 检师单选】下列计量标准中可以不经过计量行政部门考核、批准,就可以使用的是(　　)

A. 社会公用计量标准　　B. 部门最高计量标准

C. 企事业单位最高计量标准　　D. 企事业单位次级计量标准

12.【2021 助理单选】依据《中华人民共和国计量法》的规定,处理因计量器具准确度所引起的纠纷,以(　　)检定的数据为准。

A. 国家计量基准器具

B. 社会公用计量标准器具

C. 国家计量基准器具或社会公用计量标准器具

D. 企业计量标准器具

13.【2020 助理多选】在中华人民共和国境内,从事(　　)等与计量器具相关的活动,必须遵守《中华人民共和国计量法》。

A. 运输　　B. 制造　　C. 修理　　D. 使用

14.【2020 助理判断】国务院有关主管部门和省、自治区、直辖市人民政府有关部门,根据本部门的特殊需要,可以建立本部门使用的计量标准器具,其各项最高计量标准器具经同级人民政府计量行政部门主持考核合格后使用。　　(　　)

【本节答案】

1. C	2. √	3. ABC	4. B	5. ABC
6. A	7. √	8. ×	9. C	10. AB
11. D	12. C	13. BCD	14. √	

第二节　标准化法

1.【2024 检师单选】根据《中华人民共和国标准化法》,对保障生态环境安全的技术要求应当建立(　　)。

A. 强制性国家标准　　B. 推荐性国家标准

C. 强制性行业标准　　D. 推荐性行业标准

2.【2024 检师判断】根据《中华人民共和国标准化法》,强制性标准文本应免费向社会公

开,国家推动免费向社会公开推荐性标准文本。（　　）

3.【2024 检师多选】《中华人民共和国标准化法》中所称标准包括(　　)。

A. 国家标准　　B. 企业标准　　C. 标准样品　　D. 团体标准

4.【2023 检师单选】根据《中华人民共和国标准化法》,国务院标准化行政主管部门统一管理全国标准化工作,(　　)以上地方人民政府标准化行政主管部门统一管理本行政区域内的标准化工作。

A. 省级　　B. 市级　　C. 县级　　D. 区级

5.【2023 检师单选】国务院标准化行政主管部门应当自强制性国家标准发布之日起(　　)内,在全国标准信息公共服务平台上免费公开强制性国家标准文本。

A. 十日　　B. 十五日　　C. 二十日　　D. 三十日

6.【2021 检师判断】社会团体、企业事业组织以及公民不能向国务院标准化行政主管部门提出强制性国家标准的立项建议。（　　）

7.【2020 助理判断】行业标准由国务院有关行政主管部门制定,并报国务院标准化行政主管部门备案,在公布国家标准之后,该项行业标准继续实施。（　　）

8.【2020 年单选】下列不属于强制性国家标准编号组成部分的是(　　)。

A. 强制性国家标准代号(GB)　　B. 顺序号

C. 标准号　　D. 年代号

9.【2019 检师单选】根据《中华人民共和国标准化法》的规定,标准复审的结论不包括(　　)。

A. 继续有效　　B. 合格　　C. 修订　　D. 废止

【本节答案】

1. A　　2. √　　3. ABCD　　4. C　　5. C

6. ×　　7. ×　　8. C　　9. B

第三节　产品质量法

1.【2024 检师单选】根据《中华人民共和国产品质量法》,国家对产品质量实行以(　　)为主要方式的监督检查制度。

A. 备案　　B. 抽查　　C. 平行检查　　D. 产品认证

2.【2024 检师判断】根据《中华人民共和国产品质量法》,产品质量检验机构经县级以上人民政府产品质量监督部门同意,可以采用对产品进行监制的方式参与产品经营活动。（　　）

3.【2022 检师单选】根据《中华人民共和国产品质量法》,产品质量检验机构必须具备相应的检测条件和能力,经(　　)以上人民政府市场监督管理部门考核合格。

A. 县级　　B. 区级　　C. 省级　　D. 市级

4.【2021 检师判断】公路、桥梁、隧道、码头等永久性设施的工程建设适用于《中华人民共和国产品质量法》。（　　）

5.【2020 检师多选】根据《中华人民共和国产品质量法》的罚则,产品检验机构伪造结果或者出具虚假证明,作如下处罚(　　)。

A. 情节严重的,取消检验资格

B. 构成犯罪的追究刑事责任

C. 对单位处五万元以上十万元以下罚款

D. 对直接负责的主管人员和其他直接责任人处一万元以上五万元以下罚款

【本节答案】

1. B　　2. ×　　3. C　　4. ×　　5. ABCD

第四节　公路水路行业产品质量监督抽查管理办法

1.【2024 检师单选】根据《公路水路行业产品质量监督抽查管理办法》(交科技规〔2020〕2 号),被抽查生产企业、销售企业拒绝抽样的,由抽样人员与(　　)共同确认,按照拒绝监督抽样处理。

A. 见证人员　　B. 工程监理人员

C. 项目指挥部　　D. 省级交通运输主管部门

2.【2024 检师多选】根据《交通运输部关于印发〈公路水路行业产品质量监督抽查管理办法〉的通知》(交科技规〔2020〕2 号),出现(　　)的情况时,被抽查企业可以拒绝接受抽查。

A. 抽查人员少于 2 人　　B. 抽样人员要求收取检验费

C. 抽样人员无监督抽查通知书　　D. 产品名称与监督抽查通知书不符

3.【2024 助理判断】根据《公路水路行业产品质量监督抽查管理办法》(交安监发〔2018〕78 号),产品质量监督抽查抽取的样品应当是有产品质量检验合格证或者以其他形式表明合格的产品。(　　)

4.【2023 检师判断】根据《交通运输部关于印发〈公路水路行业产品质量监督抽查管理办法〉的通知》(交科技规〔2020〕2 号),抽取样品应当按照有关规定的数量抽取,没有具体的数量规定时,抽样人员可以自行决定抽取样品的数量。(　　)

【本节答案】

1. D　　2. ABCD　　3. √　　4. ×

第五节　建设工程质量管理条例

1.【2024 检师单选】根据《建设工程质量管理条例》,(　　)在建设工程竣工验收后,应及时向建设行政主管部门或者其他有关部门移交建设项目档案。

A. 质监机构　　B. 建设单位

C. 施工单位　　D. 承担竣工检测的机构

2.【2024 助理多选】根据《建设工程质量管理条例》,涉及(　　)的装修工程,建设单位应当在施工前委托原设计单位或者具有相应资质等级的设计单位提出设计方案。

A. 建筑主体变动　　B. 承重结构变动

C. 建筑外立面变动　　D. 保温节能材料变动

3.【2023 检师单选】根据《建设工程质量管理条例》,建设项目的保修期,自(　　)之日起计算。

A. 项目完工验收　　B. 竣(交)工验收

C. 交工验收合格　　D. 竣工验收合格

4.【2023 检师单选】根据《建设工程质量管理条例》,建设单位有任意压缩合理工期的行为,应责令改正,并处(　　)的罚款。

A. 1 万元以上 10 万元以下　　B. 10 万元以上 30 万元以下

C. 20 万元以上 50 万元以下　　D. 50 万元以上 100 万元以下

5.【2022 检师单选】根据《建设工程质量管理条例》,建设单位应当依法对工程建设项目的勘察、设计、施工、监理以及与工程建设有关的重要设备、材料等的采购进行(　　)。

A. 谈判　　B. 招标　　C. 协商　　D. 调研

6.【2022 检师单选】根据《建设工程质量管理条例》,基础设施、房屋建筑的地基基础工程和主体结构工程最低保修期限为(　　)。

A. 50 年

B. 70 年

C. 100 年

D. 设计文件规定的该工程的合理使用年限

7.【2022 助理多选】根据《建设工程质量管理条例》,施工单位必须按照(　　),对建筑材料、建筑构配件、设备和商品混凝土进行检验。

A. 工程设计要求　　B. 施工技术标准

C. 合同约定　　D. 监理要求

8.【2021 检师单选】依据《建设工程质量管理条例》的规定,必须实行监理的建设工程是(　　)。

A. 重点建设工程

B. 公用事业工程

C. 住宅小区工程

D. 利用外国政府或者国际组织贷款、援助资金的工程

9.【2021 助理单选】依据《建设工程质量管理条例》的规定,建设单位不得明示或者暗示设计单位或者施工单位违反工程建设(　　)标准,降低建设工程质量。

A. 国家　　B. 强制性　　C. 行业　　D. 地方

10.【2021 助理单选】依据《建设工程质量管理条例》的规定,建设工程的保修期,自(　　)起计算。

A. 交付使用之日　　B. 竣工验收合格之日

C. 交工验收合格之日　　D. 建设完成之日

11.【2021 助理单选】依据《建设工程质量管理条例》的规定，(　　)负责建立、健全建设项目档案，并在建设工程竣工验收后及时向相关部门移交建设项目档案。

A. 施工单位　　B. 监理单位　　C. 建设单位　　D. 质监机构

12.【2021 助理单选】依据《建设工程质量管理条例》的规定，基础建设工程、房屋建筑的地基基础工程和主体结构工程最低保修期限为(　　)。

A. 50 年

B. 70 年

C. 100 年

D. 设计文件规定的该工程时合理使用年限

13.【2021 检师判断】依据《建设工程质量管理条例》的规定，实行监理的建设工程，建设单位可以委托具有工程监理相应资质等级并与被监理工程的施工承包单位没有隶属关系或者其他利害关系的该工程的设计单位进行监理。　　(　　)

14.【2021 检师多选】依据《建设工程质量管理条例》的规定，施工单位应当建立质量责任制，确定工程项目的(　　)

A. 项目经理　　B. 技术负责人

C. 施工管理负责人　　D. 质量负责人

15.【2021 检师多选】《建设工程质量管理条例》所称建设工程，包括(　　)。

A. 土木工程　　B. 建筑工程　　C. 装修工程　　D. 设备安装工程

16.【2021 检师多选】依据《建设工程质量管理条例》的规定，施工图设计文件经(　　)的使用。

A. 审查　　B. 检查　　C. 核查　　D. 批准

17.【2021 助理多选】依据《建设工程质量管理条例》的规定，建设工程超过合理使用年限后需继续使用的，产权所有人应当(　　)。

A. 委托具有相应资质等级的勘察、设计单位鉴定

B. 根据鉴定结果采取加固、维修等措施

C. 重新界定使用期

D. 要求该项目施工单位延长保修期

18.【2021 助理多选】根据《建设工程质量管理条例》的规定，(　　)依法对建设工程质量负责。

A. 建设单位　　B. 勘察单位

C. 设计单位　　D. 施工和监理单位

【本节答案】

1. B	2. AB	3. D	4. C	5. B
6. D	7. ABC	8. D	9. B	10. B
11. C	12. D	13. √	14. ABC	15. ABCD
16. AD	17. ABC	18. ABCD		

第六节　公路水运工程质量监督管理规定

1.【2024 助理单选】根据《公路水运工程质量监督管理规定》(交通运输部令 2017 年第 28 号),交工验收阶段建设工程质量监督机构应当对建设单位提交的报告材料进行审核,并对工程质量进行验证性检测,出具(　　)。

A. 交工验收报告　　B. 工程交工质量核验意见

C. 交工验收质量检测报告　　D. 工程设计符合性评价意见

2.【2024 助理判断】根据《公路水运工程质量监督管理规定》(交通运输部令 2017 年第 28 号),施工、监理单位应当按照合同约定设立工地临时试验室,严格按照工程技术标准、检测规范和规程,在核定的试验检测参数范围内开展试验检测活动。　　(　　)

3.【2024 助理多选】根据《公路水运工程质量监督管理规定》(交通运输部令 2017 年第 28 号),建设单位应按照国家规定向交通运输主管部门或者其委托的建设工程质量监督机构提交本单位以及勘察、设计、施工、监理、试验检测等单位对其(　　)的书面授权委托书。

A. 项目负责人　　B. 技术负责人

C. 质量负责人　　D. 安全负责人

4.【2023 检师多选】根据《公路水运工程质量监督管理规定》(交通运输部令 2017 年第 28 号),交通运输主管部门或者委托的建设工程质量监督机构可以采取(　　)等方式对从业单位实施监督检查。

A. 随机抽查　　B. 备案核查　　C. 实地考察　　D. 专项督查

【本节答案】

1. B　　2. √　　3. AC　　4. ABD

第七节　农村公路建设质量管理办法

1.【2024 检师判断】根据《交通运输部关于印发〈农村公路建设质量管理办法〉的通知》(交安监发〔2018〕152 号),一般农村公路建设项目实行代建的,可由代建单位组织有经验的专业技术人员成立监理组,履行监理职责。　　(　　)

2.【2024 助理单选】根据《交通运输部关于印发〈农村公路建设质量管理办法〉的通知》(交安监发〔2018〕152 号),一般农村公路建设项目可按照(　　)认可的检测方式组织实施。

A. 监理　　B. 项目业主

C. 乡镇级交管所　　D. 县级交通运输主管部门

3.【2024 助理单选】根据《交通运输部关于印发〈农村公路建设质量管理办法〉的通知》(交安监发〔2018〕152 号),一般农村公路建设项目可按照(　　)规定的简化程序开展验收。

A. 交通运输部

B. 省级交通运输主管部门

C.《公路工程竣(交)工验收办法》

D.《公路工程质量检验评定标准　第一册　土建工程》

4.【2022 助理单选】根据《农村公路建设质量管理办法》,(　　)对农村公路工程质量负总责。

A. 农村公路办公室　　B. 县级以上交通主管部门

C. 质监机构　　D. 项目业主

【本节答案】

1. √　　2. D　　3. B　　4. D

第八节　安全生产法

1.【2024 助理单选】根据《中华人民共和国安全生产法》,生产经营单位发生生产安全事故后,事故现场有关人员应当立即报告(　　)。

A. 班组负责人　　B. 本单位负责人

C. 专职安全管理人员　　D. 安全生产监督管理部门

2.【2024 助理多选】根据《中华人民共和国安全生产法》,安全生产条件所必需的资金投入由(　　)予以保证。

A. 工会　　B. 个人经营的投资人

C. 生产经营单位主要负责人　　D. 生产经营单位的决策机构

3.【2024 助理多选】根据《中华人民共和国安全生产法》,承担安全评价、认证、检测、检验职责的机构出具失实报告的,(　　)。

A. 没收违法所得

B. 责令停业整顿

C. 并处三万元以上十万元以下的罚款

D. 并处违法所得二倍以上五倍以下的罚款

【本节答案】

1. B　　2. BCD　　3. BC

第九节　建设工程安全生产管理条例

1.【2024 检师判断】根据《建设工程安全生产管理条例》,专职安全生产管理人员的配备办法由国务院建设行政主管部门会同国务院其他有关部门制定。　　(　　)

2.【2024 助理单选】根据《建设工程安全生产管理条例》,检验检测机构对检测合格的施工起重机械和整体提升脚手架、模板等自升式架设设施,应当出具(　　),并对检测结果负责。

A. 安全评估报告　　B. 安全验收证书

C. 安全合格证明文件　　D. 安全检测结果报告

3.【2023 检师单选】根据《建设工程安全生产管理条例》,建设工程实行施工总承包的,分包单位不服从管理导致生产安全事故的,由(　　)承担主要责任。

A. 建设单位　　B. 监理单位

C. 总承包单位　　D. 分包单位

4.【2022 助理单选】根据《建设工程安全生产管理条例》,施工单位为从事危险作业的人员办理意外伤害保险,其期限为(　　)。

A. 自人员进场之日起至人员出场之日止　　B. 自开工之日起至竣工验收合格止

C. 自开工之日起至交工验收合格止　　D. 自开工之日起至交付使用止

【本节答案】

1. √　　2. C　　3. D　　4. B

第十节　危险化学品安全管理条例

1.【2024 检师单选】根据《危险化学品安全管理条例》,质量检测机构发生危险化学品事故,事故单位(　　)应当立即按照本单位危险品应急预案组织救援。

A. 主要负责人　　B. 技术负责人

C. 事故责任人　　D. 分管安全负责人

2.【2024 检师多选】根据《危险化学品安全管理条例》,危险化学品是指具有毒害、腐蚀、(　　)等性质,对人体、设施、环境具有危害的剧毒化学品和其他化学品。

A. 爆炸　　B. 燃烧　　C. 挥发　　D. 助燃

3.【2023 检师单选】根据《危险化学品安全管理条例》,(　　)负责危险化学品的公共安全管理,核发剧毒化学品购买许可证、剧毒化学品道路运输通行证。

A. 安全生产监督管理部门　　B. 公安机关

C. 质量监督检验检疫部门　　D. 交通运输主管部门

4.【2022 助理单选】根据《危险化学品安全管理条例》,不在港口区储存剧毒化学品的储存单位,应当将其储存数量、储存地点及管理人员情况报(　　)备案。

A. 公安机关　　B. 市场监督管理部门

C. 安全生产监督管理部门　　D. 安全生产监督管理部门和公安机关

【本节答案】

1. A　　2. ABD　　3. B　　4. D

第十一节　行政许可法

1.【2024 助理单选】根据《中华人民共和国行政许可法》,对于有数量限制的行政许可,若两个或者两个以上申请人的申请均符合法定条件、标准的,行政机关应当根据(　　)顺序作出准予行政许可的决定。

A. 申请人业绩排名　　B. 受理行政许可申请的先后

C. 提出行政许可申请的先后　　D. 根据申请人综合评估得分排名

2.【2024 助理单选】根据《中华人民共和国行政许可法》,除可以当场作出行政许可决定的外,行政机关应当(　　)作出行政许可决定。

A. 自提交申请之日起二十日内　　B. 自受理申请之日起二十日内

C. 自提交申请之日起十五日内　　D. 自受理申请之日起十五日内

3.【2024 助理多选】根据《中华人民共和国行政许可法》,行政机关对申请人提出的行政许可申请不予受理的情况有(　　)。

A. 申请材料存在文字错误的

B. 申请材料不齐全的

C. 申请事项依法不需要取得行政许可的

D. 申请事项依法不属于本行政机关职权范围的

4.【2024 助理多选】根据《中华人民共和国行政许可法》,可以设定行政许可的有(　　)。

A. 法律　　B. 政府规章　　C. 地方性法规　　D. 规范性文件

5.【2024 助理判断】有关行政机关对其直接管理的事业单位的人事、财务、外事等事项的审批,适用于《中华人民共和国行政许可法》。(　　)

【本节答案】

1. B　　2. B　　3. CD　　4. ABC　　5. ×

第三章　公路水运工程试验检测管理

第一节　《公路水运工程质量检测管理办法》简介

1.【2024 检师单选】根据《公路水运工程质量检测管理办法》(交通运输部令 2023 年第 9 号),许可机关受理后,应当组织开展(　　)。

A. 书面审查　　B. 现场核查

C. 资质审批　　D. 专家技术评审

2.【2024 检师单选】根据《公路水运工程质量检测管理办法》(交通运输部令 2023 年第 9 号),当(　　)发生变更时,检测机构不需要向原许可机关申请变更。

A. 法定代表人　　B. 授权签字人

C. 技术负责人　　D. 省级交通运输主管部门

3.【2024 助理单选】根据《公路水运工程质量检测管理办法》(交通运输部令 2023 年第 9 号),专家技术评审包括(　　)。

A. 书面审查和现场核查　　B. 初步审查和复核审查

C. 初步审查和现场核查　　D. 现场审查和复核审查

4.【2024 助理单选】根据《公路水运工程质量检测管理办法》(交通运输部令 2023 年第 9 号),公路水运工程质量检测工地试验室应由(　　)进行监督管理。

A. 县级交通运输主管部门

B. 省级交通运输主管部门

C. 省级工程质量监督机构

D. 负有工程建设项目质量监督管理责任的交通运输主管部门

5.【2024 助理单选】根据《公路水运工程质量检测管理办法》(交通运输部令 2023 年第 9 号),检测机构发生检测场所地址变更的,许可机关应当选派 2 名以上专家进行现场核查,并在(　　)内办理完毕。

A. 15 日　　B. 20 日

C. 15 个工作日　　D. 20 个工作日

6.【2024 助理单选】根据《公路水运工程质量检测管理办法》(交通运输部令 2023 年第 9 号),检测机构出现(　　)行为,许可机关可依法撤销资质证书。

A. 出具虚假检测报告

B. 出具不实检测报告

C. 质量管理体系失效

D. 以欺骗、贿赂等不正当手段取得资质证书

7.【2024 助理判断】根据《公路水运工程质量检测管理办法》(交通运输部令 2023 年第 9 号),申请质量检测机构资质的检测机构应当是依法成立的法人或法人的授权机构。　(　　)

8.【2024 助理多选】根据《公路水运工程质量检测管理办法》(交通运输部令 2023 年第 9 号),检测机构(　　)等事项发生变更的,应当完成变更后 10 个工作日内向原许可机关申请变更。

A. 经营范围　　B. 法定代表人

C. 质量负责人　　D. 检测项目暂停

9.【练习题·单选】许可机关应当自收到申请材料之日起(　　)个工作日内作出受理或不受理的决定。

A. 3　　B. 5　　C. 10　　D. 20

10.【练习题·多选】检测机构申请检测资质审批或延续审批,需向许可机关提交的有关申请材料包括(　　)。

A. 检测机构资质申请书

B. 检测人员、仪器设备和设施、质量检测场所证明材料

C. 质量保证体系文件

D. 典型检验检测报告或证书

11.【练习题·多选】检测机构或者检测人员具有以下(　　)行为之一的,由交通运输主管部门责令改正,给予警告或者通报批评。

A. 借工作之便推销建设材料、构配件和设备的

B. 不按照要求参加比对试验的

C. 同时在两家或者两家以上检测机构从事检测活动的

D. 未按规定进行样品管理的

12.【练习题·多选】检测机构违反规定,有下列(　　)行为之一的,由交通运输主管部门责令改正,处 5000 元以上 1 万元以下罚款。

A. 未按规定进行档案管理,造成检测数据无法追溯的

B. 管理混乱,造成检测能力严重下降的

C. 质量保证体系未有效运行的,或者未按照有关规定对仪器设备进行正常维护的

D. 接受监督检查时不如实提供有关资料,或者拒绝、阻碍监督检查的

E. 未按规定进行档案管理,造成检测数据无法追溯的

13.【练习题·多选】交通运输主管部门实施监督检查时,有权采取以下(　　)措施。

A. 要求被检查的检测机构或有关单位提供相关文件和资料

B. 查阅、记录、录音、录像、照相和复制与检查相关的事项和资料

C. 进入检测机构的检测工作场地进行抽查

D. 发现有不符合国家有关标准、规范、规程和《公路水运工程质量检测管理办法》的质量检测行为时,责令改正,给予警告或通报批评,并处罚款

14.【练习题·判断】专家技术评审包括书面审查和现场核查两个阶段,所用时间不计算

在行政许可期限内,但许可机关应当将专家技术评审时间安排书面告知申请人。（　　）

15.【练习题·判断】检测机构发生合并、分立、重组、改制等情形的,应当在完成变更后10日内向原许可机关申请变更。（　　）

16.【练习题·单选】桥梁隧道工程质量检测资质由(　　)负责行政许可工作。

A.交通运输部　　B.省级人民政府交通运输主管部门

C.长江航务管理局　　D.交通行政主管部门

17.【练习题·多选】交通运输部负责公路工程甲级、(　　)质量检测机构资质的行政许可工作。

A.交通工程　　B.桥梁隧道工程

C.水运工程材料类甲级　　D.水运工程结构甲级

【本节答案】

1.D	2.B	3.A	4.D	5.C
6.D	7.×	8.BC	9.D	10.ABC
11.ABCD	12.ACDE	13.ABC	14.√	15.×
16.B	17.ACD			

第二节　公路水运工程质量检测机构资质等级条件

1.【2024检师单选】根据《公路水运工程质量检测机构资质等级条件》(交安监发〔2023〕140号),申报水运工程材料乙级质量检测资质的机构,持水运材料检测师的高级工程师不少于(　　)人。

A.1　　B.2　　C.4　　D.5

2.【2024检师多选】根据《公路水运工程质量检验管理办法》(交通运输部令2023年第9号),检测机构的(　　)应当由公路水运工程试验检测师担任。

A.法定代表人　　B.行政负责人

C.技术负责人　　D.质量负责人

3.【2024助理判断】根据《公路水运工程质量检测机构等级条件》(交安监发〔2023〕140号)的规定,公路工程甲级质量检测机构试验检测用房使用面积(不含办公面积)应不小于1300m^2。（　　）

4.【练习题·多选】公路水运工程检测机构等级条件中,分别从(　　)方面对检测机构提出了要求。

A.人员配备　　B.试验检测参数

C.仪器设备配备　　D.试验检测环境

5.【练习题·单选】《公路水运工程质量检测机构资质等级条件》设置了必选参数和可选参数,对于可选参数和设备,检测机构可根据实际需要选择性配置,但不得少于本等级可选参数总量的(　　)。

A. 50%　　B. 60%　　C. 80%　　D. 90%

6.【练习题·多选】公路工程检测机构技术负责人中，以下哪些检测机构要求持相关专业师证(　　)。

A. 公路综合甲级　　B. 公路综合丙级

C. 交通工程专项　　D. 桥梁隧道工程专项

7.【练习题·单选】下列关于《公路水运工程质量检测机构资质等级条件》中试验检测用房使用面积(不含办公面积)的规定正确的是(　　)。

A. 公路工程甲级不小于 $1000m^2$　　B. 公路工程乙级不小于 $700m^2$

C. 公路工程丙级不小于 $300m^2$　　D. 桥梁隧道工程专项不小于 $800m^2$

8.【练习题·多选】以下说法中，符合公路水运工程质量检测机构资质等级评定要求的有(　　)。

A. 可选参数申请数量应不低于所申请等级参数总数量的 60%

B. 用于证明检测能力的仪器设备应当具有完全的使用权，可以自购和租赁

C. 用于试验检测工作的仪器设备应当按规定检定或校准

D. 应具有试验检测用房的产权，或者具有长期(不小于 5 年)使用权

9.【练习题·多选】公路水运工程质量检测机构等级评定中，试验检测用房面积不包括(　　)。

A. 混凝土养护室　　B. 档案资料室

C. 未封闭的检测车停放区　　D. 检测机构用于模拟演练的试验区

【本节答案】

1. B　　2. CD　　3. √　　4. ABCD　　5. B

6. CD　　7. B　　8. CD　　9. CD

第三节　公路水运工程质量检测机构资质审批专家技术评审工作程序

1.【2024 助理多选】根据《公路水运工程质量检测机构资质审批专家技术评审工作程序》(交安监发〔2023〕140 号)，可以计入质量检测用房面积的是(　　)。

A. 接样室　　B. 办公室　　C. 会议室　　D. 设备库房

2.【2022 助理单选】公路水运工程试验检测机构资质评定现场评审时，发现检测机构存在伪造试验检测报告、出具虚假试验检测数据等弄虚作假行为，应当采取的措施是(　　)。

A. 进行信用扣分后继续进行评审

B. 现场评分时扣 10 分

C. 评审组报经许可机关同意可终止评审

D. 评审组就此问题出具不符合项

3.【练习题·单选】以下说法错误的选项是(　　)。

A. 许可机关应在实施技术评审5个工作日前向检测机构发出书面通知

B. 专家组长主持召开现场核查工作预备会议,专家组全体成员及申请人主要负责人参加

C. 专家组长主持召开现场核查工作布置会议,专家组全体成员以及检测机构全体人员参加

D. 专家组应核查申请人的人员、检测场所、设备设施、检测工作覆盖参数情况等是否与申请材料一致

4.【练习题·判断】延续审批现场核查应侧重考核难度较大、资质证书有效期内已开展或开展频率高、标准规范发生变更、比对试验结果存在问题的检测参数。　(　　)

5.【练习题·多选】检测机构多项等级评定申请初审工作中,关于检测人员说法正确的有(　　)。

A. 同一人持多证可在不同等级评定中使用多次

B. 同一人持多证可在不同等级评定中使用不得超过2次

C. 质量负责人持单一证书可以重复使用

D. 质量负责人持单一证书不可以重复使用

6.【练习题·判断】公路水运工程试验检测机构等级评定的现场评审中,现场试验操作考核参数应覆盖所申请评定的等级能力范围的所有检测项目并不低于必选参数总量的15%。　(　　)

7.【练习题·多选】申请人在评审过程中出现(　　)情形时,专家组经报告许可机关同意后可终止技术评审工作。

A. 存在被考核人员冒名顶替

B. 借(租)用试验检测仪器设备

C. 检测机构管理体系控制失效,相关记录缺失或失实

D. 申请检测项目与实际能力不符,不能满足基本条件

【本节答案】

1. AD	2. C	3. C	4. ×	5. BC
6. √	7. ABCD			

第四节　公路水运工程试验检测机构和人员信用评价

1.【2023检师单选】根据《公路水运工程试验检测信用评价办法》,在评价周期内,试验检测人员在不同项目和不同工作阶段发生的违规行为实行(　　)扣分。一个具体行为涉及两项以上违规行为的,(　　)。

A. 累计;以扣分标准高者为准　　B. 不重复;以扣分标准高者为准

C. 累计;分别扣分　　D. 不重复;分别扣分

2.【2022助理判断】连续2年信用等级被评为信用较差的公路水运工程试验检测人员,其当年信用等级为信用差。　(　　)

3.【2022 助理多选】公路水运工程试验检测机构的信用评价实行综合评分制，对该检测机构设立或开展的(　　)进行的信用评价，可作为综合评分的组成部分。

A. 工地试验室　　B. 技术推广项目

C. 单独签订合同承担的现场检测项目　　D. 科研咨询项目

4.【2022 助理多选】下列属于公路水运工程试验检测人员失信行为的有(　　)。

A. 超出授权范围承揽业务

B. 利用工作之便推销建筑材料

C. 出借试验检测人员资格证书

D. 同时受聘于两个或两个以上试验检测机构

5.【2021 助理单选】根据《公路水运工程试验检测信用评价办法》(交安监发〔2018〕78号)的规定，信用评价实行评价人员及评价机构负责人(　　)负责制，并接受上级部门及社会各界的监督。

A. 确认　　B. 报告　　C. 签认　　D. 考核

6.【2021 助理单选】依据《公路水运工程试验检测信用评价办法》(交安监发〔2018〕78号)的规定，以下试验检测机构失信行为中，可直接确定为 D 级的是(　　)。

A. 超范围出具检测报告且使用专用标识章

B. 报告签字人不具备资格

C. 租借试验检测等级证书承揽试验检测业务

D. 存在虚假数据报告

7.【2021 助理判断】依据《公路水运工程试验检测信用评价办法》的规定，信用等级评价仅针对母体机构和工地试验室，现场检测项目不参与信用等级评价。(　　)

8.【2021 助理判断】依据《公路水运工程试验检测信用评价办法》(交安监发〔2018〕78号)的规定，被评为 D 级的试验检测机构直接列入黑名单，并按《公路水运工程试验检测管理办法》等相关规定予以处理。(　　)

9.【2021 检师多选】依据《公路水运工程试验检测信用评价办法》的规定，公路水运工程试验检测机构的信用评价实行综合评分制，由(　　)的信用评价得分计算信用评价综合得分。

A. 工地试验室　　B. 试验检测机构母体

C. 单独签订合同承担的现场检测项目　　D. 咨询科研类项目

10.【2021 助理多选】依据《公路水运工程试验检测信用评价办法》(交安监发〔2018〕78号)的规定，人员信用等级评为差的情况有(　　)。

A. 扣分值大于 20 分　　B. 扣分值大于 30 分

C. 扣分值大于 40 分　　D. 连续两年被评为信用较差

11.【2021 助理多选】依据《公路水运工程试验检测信用评价办法》(交安监发〔2018〕78号)的规定，单次扣分不少于 40 分的试验检测人员失信行为有(　　)。

A. 有关试验检测工作被司法部门认定构成犯罪的

B. 出具虚假数据报告造成质量安全事故的

C. 同时受聘于两个以上质量检测机构的

D. 出借试验检测人员资格证书的

【本节答案】

1. A　　2. √　　3. AC　　4. ABCD　　5. C
6. C　　7. ×　　8. √　　9. ABC　　10. CD
11. ABD

第五节　公路水运工程工地试验室管理

1.【2024 检师判断】根据《工地试验室标准化建设要点》(厅质监字〔2012〕200 号),工地试验室应在业主授权的范围内,为工程建设项目提供试验检测数据,不得对外承揽试验检测业务。　(　　)

2.【2019 助理判断】工地试验室应在其母体检测机构授权的项目及参数范围内开展检测活动。　(　　)

3.【2019 检师单选】工地试验室被授权试验检测项目或持证人员进行变更时,应当由(　　)。

A. 工地试验室报请建设单位同意

B. 工地试验室报经建设单位同意并向项目质监机构备案

C. 母体质量检测机构报请建设单位同意

D. 母体质量检测机构报经建设单位同意并向项目质监机构备案

4.【2019 助理判断】公路水运工程试验检测人员可以同时受聘于两家检测机构,但其有关职业资格证书只能登记在其中一家检测机构。　(　　)

【本节答案】

1. ×　　2. √　　3. D　　4. ×

第六节　公路水运工程试验检测人员继续教育

1.【2019 助理单选】承担公路水运工程试验检测专业技术人员继续教育的机构应有不少于(　　)名师资人员。

A. 5　　B. 8　　C. 10　　D. 15

2.【2018 助理单选】依据《公路水运工程试验检测人员继续教育办法(试行)》的规定,试验检测人员在每个周期内接受继续教育的时间累计不应少于(　　)学时。

A. 16　　B. 24　　C. 36　　D. 48

【本节答案】

1. C　　2. B

第七节　公路水运工程试验检测安全管理

1.【2024 检师单选】根据《检测实验室安全　第 1 部分:总则》(GB/T 27476.1—2014),(　　)对实验室安全和安全管理体系负最终责任。

A. 安全总监　　B. 技术负责人

C. 最高管理者　　D. 质量负责人

2.【2024 助理多选】根据《公路水运工程安全生产条件通用要求》(JT/T 1404—2022),两区三场应进行总体布局规划,(　　)与施工现场应分开设置并保持安全距离。

A. 生活区　　B. 加工区　　C. 材料区　　D. 办公区

3.【2024 助理多选】根据《检测实验室安全　第 1 部分:总则》(GB/T 27476.1—2014),适宜作为实验操作人员工作服制作材料的有(　　)。

A. 棉质制品　　B. 尼龙制品

C. 棉质/聚酯制品　　D. 合成纤维制品

4.【2024 助理判断】根据《检测实验室安全　第 1 部分:总则》(GB/T 27476.1—2014),危险源辨识和风险评价应包括分包出去的工作。　　(　　)

5.【2023 检师多选】据《公路水运工程安全生产条件通用要求》(JT/T 1404—2022),事故隐患排查治理时,重大事故隐患治理应明确(　　)等相关要求。

A. 责任　　B. 措施　　C. 标准　　D. 时限

6.【2019 检师多选】按照危险化学品相关管理规定,对剧毒化学品以及储存数量构成重大危险源的其他危险化学品,应当采取的措施包括(　　)。

A. 在专用储藏室内存放　　B. 双人收发

C. 双人保管　　D. 在专用仓库内单独存放

【本节答案】

1. C　　2. AD　　3. AC　　4. √　　5. ABD

6. BCD

第八节　试验检测记录与报告管理要求

1.【2024 助理单选】根据《公路水运试验检测数据报告编制导则》(JT/T 828—2019),被检对象、测试过程中有关技术信息应在试验检测报告的(　　)部分详细描述。

A. 基本信息　　B. 附加声明

C. 检测数据　　D. 检测对象属性

2.【2023 检师单选】根据《公路水运试验检测数据报告编制导则》(JT/T 828—2019),属于记录表中的检测依据的是(　　)。

A. 产品说明书　　B. 设计文件
C. 作业指导书　　D. 委托单

3.【2023 检师多选】根据《公路水运试验检测数据报告编制导则》(JT/T 828—2019),记录表中的检测数据部分包括(　　)。

A. 抽样数据　　B. 原始观测数据
C. 数据处理过程与方法　　D. 试验结果

4.【2022 检师单选】根据《公路水运试验检测数据报告编制导则》(JT/T 828—2019),综合评价类报告的"异议处理方式"体现在(　　)部分。

A. 扉页　　B. 正文
C. 附加声明　　D. 意见和解释

5.【2022 检师多选】根据《公路水运试验检测数据报告编制导则》(JT/T 828—2019),以仪器设备自动采集产生的大量电子数据作为原始观测数据,适宜的保存方式有(　　)。

A. 当场记录到原始记录表中　　B. 事后誊抄到原始记录表中
C. 打印签字后粘贴于记录表中　　D. 保存电子档

6.【2022 助理多选】根据《公路水运试验检测数据报告编制导则》(JT/T 828—2019),记录表应由(　　)等部分组成。

A. 标题、基本信息　　B. 检测对象属性
C. 检测数据　　D. 附加声明

7.【2021 助理判断】特殊情况下,经管理层同意,非授权签字人可以签发检验检测报告或证书。(　　)

8.【2021 助理判断】公路水运工程试验检测原始记录编号应严格按照《公路水运试验检测数据报告编制导则》(JT/T 828—2019)的编号规则进行,各单位不得自行编制。(　　)

9.【2021 检师多选】依据《公路水运试验检测数据报告编制导则》(JT/T 828—2019)的规定,下列属于记录表的唯一性标识编码组成部分的有(　　)。

A. 专业编码　　B. 领域编码
C. 等级证书编号　　D. 项目编码

10.【2020 检师单选】检验检测工作的最终产品是(　　)。

A. 检验检测数据　　B. 检验检测记录
C. 意见和解释　　D. 检验检测报告

【本节答案】

1. D	2. C	3. BCD	4. A	5. ACD
6. ACD	7. ×	8. ×	9. ABD	10. D

第四章　公路水运工程试验检测人员考试管理

1.【2018 助理判断】公路工程试验检测专业技术人员职业资格包括道路工程、桥梁隧道工程 2 个专业。水运工程试验检测专业技术人员职业资格包括水运结构与地基、水运材料。（　　）

2.【2017 检师单选】关于公路水运工程试验检测专业人员职业资格的描述，错误的是（　　）。

A. 分为助理试验检测师和试验检测师 2 个级别

B. 助理试验检测师和试验检测师资格实行考试的评价方式

C. 通过助理试验检测师和试验检测师职业资格考试，表明其已具备从事公路水运工程试验检测专业相应级别专业技术岗位工作的能力

D. 公路水运工程试验检测职业资格证书实行注册制度

3.【2018 检师判断】《公路水运工程质量检测机构专业技术人员职业资格制度规定》施行前，依据《公路水运工程试验检测管理办法》及相应试验检测人员考试办法要求，取得的试验检测员、试验工程师证书效用不变。（　　）

4.【2017 助理多选】取得公路水运工程助理试验检测师职业资格证书的人员，应当具备以下（　　）职业能力。

A. 熟悉公路水运工程试验检测管理的规定

B. 熟悉编制试验检测方案、组织实施试验检测活动

C. 独立完成常规性公路水运试验检测工作

D. 编制试验检测报告

【本章答案】

1. ×　　2. D　　3. √　　4. ACD

第五章　检验检测机构资质认定管理

第一节　《认证认可条例》简介

1.【2024 检师单选】根据《中华人民共和国认证认可条例》，取得认证资质的机构应当具有(　　)名以上相应领域的专职认证人员。

A. 2　　B. 5　　C. 10　　D. 15

2.【2023 检师判断】根据《中华人民共和国认证认可条例》，认可机构委托他人完成与认可有关的具体评审业务的，由完成具体评审业务的被委托人对评审结论负责。　(　　)

3.【2022 检师判断】根据《中华人民共和国认证认可条例》，国家对必须经过认证的产品，统一产品目录，列入目录产品的生产者或者销售者、进口商，均可自行委托指定的认证机构进行认证。　(　　)

4.【2020 检师多选】根据《中华人民共和国认证认可条例》的规定，未经批准从事认证活动的，作如下处罚(　　)。

A. 予以取消　　B. 没收违法所得

C. 处 3 万元以上 10 万元以下的罚款　　D. 处 10 万元以上 50 万元以下的罚款

5.【2020 检师多选】申请 CNAS 认可的实验室应同时满足以下要求(　　)。

A. CNAS-CL01　　B. CNAS-C101

C. CNAS-RC01　　D. 相应领域的应用说明

【本节答案】

1. C　　2. ×　　3. √　　4. ABD　　5. AD

第二节　检验检测机构资质认定管理工作涉及法规及有关配套文件解读

1.【2024 检师判断】根据《检验检测机构资质认定管理办法》(国家市场监督管理总局令第 163 号)，技术评审时间不计算在资质认定期限内，资质认定部门应当将技术评审时间告知申请人。　(　　)

2.【2024 检师判断】根据《检验检测机构资质认定管理办法》(国家市场监督管理总局令

第 163 号)，资质认定部门可以根据具体情况简化技术评审程序、缩短技术评审时间。(　　)

3.【2024 助理判断】根据《检验检测机构资质认定管理办法》(国家市场监督管理总局令第 163 号)，法律、行政法规规定应当取得资质认定的事项清单，由市场监管总局制定并公布。(　　)

4.【2023 检师判断】报告加盖检验检测专用章的目的是表明检验检测报告由本机构出具，并由本机构负责。(　　)

5.【2023 检师判断】检验检测机构资质认定程序分为一般程序和告知承诺程序，检验检测机构可以自主选择资质认定程序。(　　)

6.【2023 检师多选】根据检验检测机构分类结果，资质认定部门可以采取(　　)作为监管措施实施分类监管。

A. 机构自我声明　　B. 年度监督检查

C. 日常监督检查　　D. 投诉调查

7.【2023 检师多选】根据《检验检测机构资质认定管理办法》，需要延续资质认定证书有效期的，资质认定部门根据检验检测机构的申请事项、信用信息、分类监管等情况，采取(　　)方式进行技术评审，并作出是否准予延续的决定。

A. 现场评审　　B. 书面审查　　C. 告知承诺　　D. 远程评审

8.【2022 检师单选】根据《关于进一步推进检验检测机构资质认定改革工作的意见》(国市监检〔2019〕206 号)，对已告知承诺方式取得资质认定的机构承诺的真实性进行重点核查，下列情形中，应当撤销相应资质认定事项，予以公布并计入其信用档案的是(　　)。

A. 伪造报告　　B. 出具虚假数据

C. 出具虚假报告　　D. 虚假承诺

9.【2022 检师单选】根据《检验检测机构资质认定管理办法》，被撤销资质认定的检验检测机构，(　　)不得再次申请资质认定。

A. 五年内　　B. 三年内　　C. 两年内　　D. 一年内

10.【2022 检师单选】根据《检验检测机构资质认定管理办法》，以欺骗、贿赂等不正当手段取得资质认定的，资质认定部门应当依法(　　)。

A. 吊销营业执照　　B. 进行处罚并记入诚信档案

C. 取消评审资格　　D. 撤销资质认定

11.【2022 检师单选】根据《关于进一步推进检验检测机构资质认定改革工作的意见》(国市监检测〔2019〕206 号)，以告知承诺程序进行资质认定时，申请机构在规定时间内提交的申请材料齐全、符合法定形式的，资质认定部门应当(　　)作出资质认定决定。

A. 7 个工作日内　　B. 5 个工作日内

C. 3 个工作日内　　D. 当场

12.【2022 检师单选】根据《检验检测机构资质认定管理办法》，资质认定部门应当对技术评审活动进行监督，建立(　　)。

A. 责任追究机制　　B. 监督考核机制

C. 跟踪评价机制　　D. 动态监管机制

13.【2022 检师判断】根据《检验检测机构资质认定管理办法》，告知承诺申请撤回后，申

请人再次提出申请的,可以继续按照告知承诺程序办理。（　　）

14.【2022 助理多选】根据《检验检测机构资质认定管理办法》,资质认定是指市场监督管理部门依照法律、行政法规规定,对向社会出具具有证明作用的数据、结果的检验检测机构的(　　)是否符合法定要求实施的评价许可。

A. 基本条件　　B. 经营规模　　C. 技术能力　　D. 科研能力

15.【2021 助理判断】外方投资者在中国境内依法成立检验检测机构,申请资质认定时只要符合《检验检测机构资质认定管理办法》第九条规定的资质认定条件即可。（　　）

16.【2021 助理判断】检验检测机构依法设立的从事检验检测活动的分支机构,可不再单独申请资质认定。（　　）

17.【2020 检师单选】检验检测机构有下列情况之一的,资质认定部门依法注销其资质(　　)。

A. 未按规定时限申报重大事项变更的

B. 未按规定上报年限的

C. 检查发现环境条件不符合相关规范要求的

D. 检验检测机构依法终止的

【本节答案】

1. √	2. √	3. √	4. √	5. ×
6. AD	7. ABD	8. D	9. B	10. D
11. D	12. A	13. ×	14. AC	15. ×
16. ×	17. D			

第三节　《检验检测机构监督管理办法》解读

1.【2024 检师单选】根据《检验检测机构监督管理办法》(国家市场监督管理总局令第 39 号),某检测机构发现某厂家生产的某一强度等级的水泥在一个月内连续不合格,该检测机构应及时(　　)。

A. 向社会公布　　B. 通知该厂家

C. 向市场监督管理部门报告　　D. 通知该水泥的最终用户

2.【2024 检师判断】根据《检验检测机构监督管理办法》(国家市场监督管理总局令第 39 号),改变关键检验检测条件进行检测,且结果存在错误的报告属于不实检验检测报告。（　　）

3.【2024 助理单选】根据《检验检测机构监督管理办法》(国家市场监督管理总局令第 39 号),下列属于出具不实检测报告行为的是(　　)。

A. 未经检验检测的

B. 遗漏标准规定的检验检测项目的

C. 使用未经检定/校准的设备且结果错误的

D. 调换检验检测样品或者改变其原有状态进行检测的

4.【2024 助理多选】根据《检验检测机构监督管理办法》(国家市场监督管理总局令第 39 号),检验检测机构对委托人送检的样品进行检验的,委托人应对(　　)负责。

A. 送检样品的代表性　　B. 送检样品的真实性

C. 样品所检项目的符合性　　D. 样品不与同类其他样品混淆

5.【2023 检师单选】根据《检验检测机构监督管理办法》(国家市场监督管理总局令第 39 号),检验检测机构出具检验检测报告,存在(　　),属于虚假检验检测报告。

A. 违反国家有关强制性规定的检验检测规程或者方法的

B. 调换检验检测样品或者改变其原有状态进行检验检测的

C. 使用未经检定或者校准的仪器、设备、设施的

D. 样品污染、混淆、损毁、性状异常改变等情形的

6.【2023 检师判断】根据《检验检测机构监督管理办法》(国家市场监督管理总局令第 39 号),检验检测机构对委托人送检的样品进行检验时,检验检测报告需对送检样品的真实性负责。(　　)

7.【2022 检师判断】根据《检验检测机构监督管理办法》,检验检测机构对委托人送检的样品进行检验的,检验检测报告对样品所检项目的符合性情况负责,但送检样品的代表性和真实性由委托人负责。(　　)

【本节答案】

1. C　　2. ×　　3. C　　4. AB　　5. B

6. ×　　7. √

第四节　《检验检测机构资质认定评审准则》及其条文释义介绍

1.【2024 检师单选】根据《市场监管总局关于印发检验检测机构资质认定评审准则释义的函》[市监检测(司)函〔2023〕37 号],属于评审准则中的“其他组织”的是(　　)。

A. 机关法人　　B. 非企业法人

C. 特殊普通合伙人企业　　D. 民政部门登记的民办非企业法人

2.【2024 检师单选】根据《市场监督总局关于印发检验检测机构资质认定评审准则释义的函》[市场检测(司)函〔2023〕37 号],检验检测机构如租用、借用场地、期限不少于(　　)。

A. 1 年　　B. 3 年　　C. 5 年　　D. 6 年

3.【2024 检师判断】根据《市场监管总局关于发布〈检验检测机构资质认定评审准则〉的公告》(2023 年第 21 号),当检验检测标准、技术规范或者声明与规定要求的符合性有测量不确定度要求时,检验检测机构应当报告测量不确定度。(　　)

【本节答案】

1. C　　2. A　　3. √

第五节　检验检测机构资质认定其他相关认证认可行业标准介绍

1.【2024 检师单选】根据《测量设备校准周期的缺点和调整方法指南》(RB/T 034—2020),下列仪器设备中,适合延长后续校准周期的是(　　)。

A. 使用频率较高的仪器　　B. 使用过程中可能存在磨损的仪器

C. 车载条件下使用的数字化仪器　　D. 历次校准结果比较稳定的实物量具

2.【2024 检师单选】根据《检测和校准结果及与规范符合性的报告指南》(RB/T 197—2015),如果规范符合性(对于上限)被定义为测量值小于规范限制,当测量结果等于规范限制时,可报告(　　)。

A. 符合　　B. 不符合　　C. 基本符合　　D. 无法判断

3.【2024 检师单选】根据《实验室信息管理系统管理规范》(RB/T 028—2020),如果只能利用实验室信息管理系统(LIMS)的部分功能,其他部分仍需要通过非计算机化系统完成,则实验室应(　　)。

A. 全部采用线下流程

B. 暂时采用人工方式直至系统完成升级

C. 暂停 LIMS 的使用,并对系统进行升级

D. 提供保护人工记录和转录准确性的条件

4.【2024 检师多选】根据《检测和校准结果及与规范符合性的报告指南》(RB/T 197—2015),检测或校准结果及其不确定度的详尽程度根据(　　)确定。

A. 客户的要求　　B. 规范的要求

C. 结果的用途　　D. 检测的难易程度

5.【2024 助理单选】根据《检测和校准结果及与规范符合性的报告指南》(RB/T 197—2015),下列检测结果的类型不同于其他选项的是(　　)。

A. 用天平称量样品质量　　B. 用通/止规检测孔的直径

C. 用游标卡尺检测钢筋直径　　D. 用裂缝测宽仪检测结构型缝

6.【2024 助理单选】根据《测量设备校准周期的确定和调整方法指南》(RB/T 034—2020),对于新设备建议机构收集至少(　　)连续的校准数据以确定其性能变化的情况和趋势,在此分析的基础上重新评估校准周期的规律。

A. 1 次　　B. 2 次　　C. 3 次　　D. 5 次

7.【2024 助理多选】根据《检测和校准结果及与规范符合性的报告指南》(RB/T 197—2015),(　　)时可不考虑不确定度。

A. 对检测所用仪器进行校准

B. 采用通/止规检验孔径是否合格

C. 对钢筋直径测量结果进行符合性判定

D. 依据检定规程进行仪器检定后,进行符合性判定

8.【2024 助理多选】已知某工程中要求钢筋直径为(20.0 ±0.6)mm(不含 +0.6mm),对一批样品进行检测时的不确定度为 U=0.2mm,k=2,则根据《检测和校准结果及与规范符合性的报告指南》(RB/T 197—2015),下列样品的检测结果中,可判定为合格的是(　　)。

A. 19.5mm　　B. 19.6mm　　C. 20.0mm　　D. 20.5mm

9.【2024 助理判断】实验室一台 0.5 级精度的压力机,经过校准发现已不满足 0.5 级精度要求,但能满足 1 级精度要求,该设备可在满足预期用途下进行降级使用。　　(　　)

10.【2023 检师单选】根据《实验室信息管理系统管理规范》(RB/T 028—2020),在 LIMS 发生故障并造成重要信息丢失、损害后,应利用(　　)进行恢复。

A. 源代码　　B. 硬盘恢复工具

C. 系统最初版本　　D. 备份数据

11.【2023 检师单选】根据《检测和校准结果及与规范符合性的报告指南》(RB/T 197—2015),对于校准,通常情况下,进行规范符合性判定时(　　)。

A. 不需考虑测量不确定度　　B 当影响到合格判定时才需考虑不确定度

C. 均需考虑不确定度　　D. 当客户有要求时需考虑不确定度

12.【2023 检师多选】根据《实验室信息管理系统管理规范》(RB/T 028—2020),LIMS 系统的功能包括实现(　　)的电子化管理。

A. 检验检测过程和结果

B. 质量监控评价过程和结果

C. 资源和行政活动过程和结果

D. 有关过程的数据和结果的查询、分析、统计、报告

13.【2022 检师单选】根据《实验室信息管理系统管理规范》(RB/T 028—2020),实验室信息管理系统维护人员应定期核查备份数据的(　　)。

A. 可靠性　　B. 完整性　　C. 准确性　　D. 正确性

14.【2022 检师判断】根据《实验室信息管理系统管理规范》(RB/T 028—2020),实验室不仅应对实验室信息管理系统的使用人员进行监督,还应进行能力监控。　　(　　)

15.【2022 检师判断】根据《实验室信息管理系统管理规范》(RB/T 028—2020),退役数据的保存年限由检验检测机构自行在体系文件中予以规定。　　(　　)

16.【2022 检师判断】根据《能力验证计划的选择与核查及结果利用指南》(RB/T 031—2020),当选择参加国际认可合作组织运作的能力验证计划时,实验室应对实施机构能力验证相关文件和信息进行核查。　　(　　)

17.【2022 检师多选】根据《检测和校准结果及与规范符合性的报告指南》(RB/T 197—2015),某长度测量值合格范围是 2mm≤X≤4mm,测量不确定度 U 为 0.3mm,则以下可以判定为符合要求的测量值有(　　)。

A. 1.6mm　　B. 2.4mm　　C. 3.6mm　　D. 3.8mm

18.【2022 助理单选】根据《检测和校准结果及与规范符合性的报告指南》(RB/T 197—2015),用通/止规检测产品的孔径时,通规和止规均通过,说明(　　)。

A. 孔径合格　　B. 孔径偏大　　C. 孔径偏小　　D. 不确定

19.【2022 助理单选】根据《检测和校准结果及与规范符合性的报告指南》(RB/T 197—

2015),当某个或多个影响因素造成的不确定度无法评价时,应(　　)。

A. 终止检验检测　　B. 采用扩展不确定度上限

C. 在报告中作出说明　　D. 采用合成不确定度

20.【2022 助理单选】根据《检测和校准结果及与规范符合性的报告指南》(RB/T 197—2015),如某次校准中,不考虑不确定度的测量结果未超规范限值,而考虑包含概率为 95% 的扩展不确定度后,测量结果超出规范限值,则规范符合性判定结果为(　　)。

A. 符合　　B. 合格　　C. 不合格　　D. 不确定

21.【2022 助理判断】根据《实验室信息管理系统管理规范》(RB/T 028—2020),机构应避免客户和外部人员进入实验室信息管理系统。　　(　　)

22.【2022 助理多选】实验室信息管理系统项目的可行性分析包括(　　)等方面。

A. 政策　　B. 财务　　C. 技术　　D. 商业价值

23.【2021 检师多选】依据《实验室信息管理系统管理规范》(RB/T 028—2020)的规定,以下关于实验室信息系统管理描述正确的有(　　)。

A. 商业软件在其涉及的应用范围内使用可被视为已经过充分的确认

B. 实验室应方便技术人员检索、调取、统计、分析、查阅和修改相关数据信息,以便对检测数据和结果进行审核和风险评估

C. 适宜时,可远程审查和批准 LIMS 报告,妥善实施使用电子签章

D. 改正性维护是指运行中发现系统中的错误或潜在风险需要修正

【本节答案】

1. D	2. B	3. D	4. ABC	5. B
6. C	7. BD	8. BC	9. √	10. D
11. C	12. ABCD	13. B	14. √	15. ×
16. ×	17. BC	18. B	19. C	20. C
21. ×	22. ABC	23. ACD		

第六节　管理体系文件编写要点

1.【2018 检师多选】检验检测机构应明确其组织和管理结构、所在法人单位中的地位,以及(　　)之间的关系。

A. 内务管理　　B. 质量管理

C. 支持服务　　D. 技术运作

2.【2018 检师判断】试验室所有记录应清晰明了,并以书面文件存放,保存在具有防止损坏,变质丢失等适宜环境的设施中,应规定记录的保存期。　　(　　)

【本节答案】

1. BCD	2. √

第七节　实验室认可基础知识介绍

1.【2024 检师单选】根据《检测和校准实验室能力的通用要求》(GB/T 27025—2019),关于实验方法的选择和验证,说法不正确的是(　　)。

A. 对所有实验室活动方法的偏离,应被客户接受

B. 为方便操作人员使用,可以对国家标准补充方便使用的细则

C. 实验室不应采用设备制造商要求的方法对仪器设备进行校准

D. 当客户未指定所用的方法时,实验室制定或修改的方法也可使用

2.【2024 检师单选】根据《检测和校准实验室能力的通用要求》(GB/T 27025—2019),(　　)是指按照预先规定的条件,由两个或多个实验室对相同或类似的物品进行测量或检测的组织、实施和评价。

A. 测量审核　　B. 平行试验　　C. 对比试验　　D. 例外放行

3.【2024 检师判断】根据《检测和校准实验室能力的通用要求》(GB/T 27025—2019),实验室对于从客户以外的渠道(如投诉人,监管机构)所获取的有关客户信息,不必承担保密义务。(　　)

4.【2023 检师单选】根据《检测和校准实验室能力的通用要求》(GB/T 27025—2019),实验室只有(　　)才能发布相关意见和解释。

A. 行政负责人　　B. 授权人员

C. 技术负责人　　D. 报告审核人员

5.【2023 检师单选】根据《检测和校准实验室能力的通用要求》(GB/T 27025—2019),实验室活动不包括(　　)。

A. 检测　　B. 校准　　C. 产品认证　　D. 抽样

6.【2023 检师判断】根据《检测和校准实验室能力的通用要求》(GB/T 27025—2019),实验室应授权人员开发、修改、验证、确认方法。(　　)

7.【2023 检师判断】根据《检测和校准实验室能力的通用要求》(GB/T 27025—2019),实验室对服务过程中获取和产生的所有信息均应予以保密。(　　)

8.【2023 检师多选】根据《检测和校准实验室能力的通用要求》(GB/T 27025—2019),检测和校准工作开始后修改合同应(　　)。

A. 报资质认定部门备案　　B. 立即纠正对合同的偏离

C. 重新进行合同评审　　D. 通知所有受到影响的人员

9.【2022 助理多选】根据《检测和校准实验室能力的通用要求》(GB/T 27025—2019),应由授权人员完成的工作有(　　)。

A. 方法的修改、验证和确认　　B. 结果的符合性声明

C. 对结果的意见和解释　　D. 结果的审查和批准

10.【2021 检师单选】依据《检测和校准实验室能力的通用要求》(GB/T 27025—2019)的规定,当客户未指定检测所用的方法时,实验室应(　　)。

A. 要求客户明确使用方法　　B. 直接选用适当的方法

C. 拒绝客户的委托　　D. 选择适当的方法并通知客户

11.【2021检师单选】依据《检测和校准实验室能力的通用要求》(GB/T 27025—2019)的规定,关于实验方法的选择和验证,说法不正确的是(　　)。

A. 对应标准包含了实施实验室活动充分且简明的信息,并便于实验室操作人员使用时,不需再进行补充或改为内部程序

B. 对所有实验室活动方法的偏离,应获得授权并被客户接受

C. 对标准方法中的可选择步骤,宜指定补充文件或细则

D. 实验室不应采用设备制造商规定的方法

【本节答案】

1. C	2. C	3. ×	4. B	5. C
6. √	7. √	8. CD	9. ABCD	10. D
11. D				

第八节　检验检测机构实验室技术要求验收及诚信建设相关规定介绍

1.【2024检师单选】根据《检验检测实验室技术要求验收规范》(GB/T 37140—2018),(　　)不宜布在建筑物底层。

A. 重型设备　　B. 噪声较大的设备

C. 振动较大的设备　　D. 产生粉尘物质的实验室

2.【2024检师判断】根据《检验检测实验室技术要求验收规范》(GB/T 37140—2018),实验室废液、废气、废渣等废弃物应集中收集、存放和处理。(　　)

3.【2024检师判断】根据《检验检测实验室技术要求验收规范》(GB/T 37140—2018),实验室平面功能区域划分时,产生辐射和有毒物质的实验室宜组合在一起。(　　)

4.【2024检师多选】根据《检验检测实验室技术要求验收规范》(GB/T 37140—2018),关于实验室化学危害防护,说法正确的是(　　)。

A. 化学品存储间应具有足够的通风能力

B. 腐蚀性材料与其他样品一起存放时,应设置标识

C. 有爆炸、有毒有害样品的实验室应有防爆、排气的措施

D. 有化学品烧伤危险的实验室,应就近设置应急喷淋器及应急眼睛冲洗器

5.【2024助理单选】根据《检验检测机构诚信基本要求》(GB/T 31880—2015),检验检测机构在接受客户委托时,下列行为涉嫌不诚信的是(　　)。

A. 因无法按客户要求的时间完成检测而拒绝接受委托

B. 对小型材料委托试验只填写了委托单并未签订检测合同

C. 为了赢得客户信任,按照行业标杆企业的标准宣传本机构的能力和质量管理水平

D. 偏离合同要求时，及时告知客户，配合客户分析偏离带来的影响，并取得客户书面同意

6.【2023 检师单选】根据《检验检测实验室技术要求验收规范》(GB/T 37140—2018)，产生粉尘物质的实验室宜布置在建筑物的(　　)。

A. 底层　　B. 顶层　　C. 中间层　　D. 地下室

7.【2023 检师单选】根据《检验检测机构诚信基本要求》(GB/T 31880—2015)，诚信是个人或组织诚实守信的行为规范，包括在从业活动中承诺与(　　)的一致性。

A. 法律要求　　B. 管理体系规定

C. 行为　　D. 客户要求

8.【2023 检师单选】根据《检验检测实验室技术要求验收规范》(GB/T 37140—2018)，实验室排水系统应有防回流设计，存水弯或水封高度不得小于(　　)。

A. 20mm　　B. 30mm　　C. 50mm　　D. 60mm

9.【2023 检师判断】根据《检验检测机构诚信基本要求》(GB/T 31880—2015)，检验检测机构主要通过成体系的诚信相关管理制度落实诚信要求，无须开展诚信相关培训。　(　　)

10.【2023 检师判断】根据《检验检测机构诚信基本要求》(GB/T 31880—2015)，检验检测机构须通过第三方评价验证自身诚信的状况。　(　　)

11.【2023 检师判断】根据《检验检测实验室技术要求验收规范》(GB/T 37140—2018)，在进行实验室平面功能区域划分时，有毒性物质产生的实验室宜组合在一起。　(　　)

12.【2023 检师多选】根据《检验检测实验室技术要求验收规范》(GB/T 37140—2018)，新建检验检测实验室的设计应满足主体建筑的(　　)等方面的要求。

A. 安全评价　　B. 环境评价

C. 职业卫生评价　　D. 节能评价

13.【2022 检师单选】根据《检验检测实验室技术要求验收规范》(GB/T 37140—2018)，实验室的走道净高不应低于(　　)。

A. 2.0m　　B. 2.2m　　C. 2.4m　　D. 2.6m

14.【2022 检师多选】根据《检验检测机构诚信基本要求》(GB/T 31880—2015)，以下行为不符合规定的有(　　)。

A. 征得客户书面同意对检验任务进行分包

B. 参与所检产品的经营活动

C. 出具不客观的报告数据和结果

D. 按照质量管理体系的要求销毁原始记录

15.【2022 检师多选】根据《检验检测实验室技术要求验收规范》(GB/T 37140—2018)，实验室功能区域划分中，对于在垂直布局中应遵循的原则，下列描述正确的有(　　)。

A. 大型设备宜布置在建筑物的底层

B. 重型测试样品对应的测试区域宜布置在建筑物的底层

C. 产生粉尘物质的实验室宜布置在建筑物的底层

D. 产生有毒有害气体的实验室宜布置在建筑物的底层

16.【2022 助理多选】根据《检验检测机构诚信基本要求》(GB/T 31880—2015)，检验检测

方法的偏离,应(　　)。

A. 有相应的程序文件　　B. 经过技术判断

C. 经过审批　　D. 得到资质认定部门的同意

17.【2022 助理多选】《检验检测机构诚信基本要求》(GB/T 31880—2015)依据“3C”信用评价模型,从(　　)等方面考虑检测机构的诚信要素。

A. 法律　　B. 技术　　C. 管理　　D. 责任

【本节答案】

1. D	2. ×	3. √	4. ACD	5. C
6. B	7. C	8. C	9. ×	10. ×
11. √	12. ABCD	13. B	14. BCD	15. AB
16. ABC	17. ABCD			

第九节　印章的分类与使用

1.【2018 检师多选】检验检测机构应在其检验检测报告或证书和相关宣传资料中正确使用资质认定标志。资质认定标志应符合规定的尺寸比例,并准确、清晰标注证书编号。资质认定标志的颜色建议为(　　)。

A. 红色　　B. 蓝色　　C. 黑色　　D. 绿色

2.【2018 助理多选】按照《检验检测机构资质认定管理办法》的有关规定,用于行政机关作出决定的数据结果报告应加盖(　　)。

A. 资质认定标志章　　B. 法定代表人签名章

C. 检验检测专用章　　D. CNAS 标志章

【本节答案】

1. ABC　　2. AC

第六章　试验检测常用术语和定义

1.【2024 检师判断】计量确认是指为保证测量设备处于满足预期使用要求的状态所需要的一组操作。（　　）

2.【2024 助理判断】参考物质是指具有足够准确性的特性物质，其特性被证实适用于测量中或标称特性检验中的预期用途。（　　）

3.【2024 助理多选】复现性条件是指（　　）对同一或相类似被测对象重复测量的一组测量条件。

A. 不同地点　　B. 不同方法

C. 不同操作者　　D. 不同测量系统

4.【2023 检师单选】对某样品进行了 5 次独立称量，得到以下称量值：20.06g、20.05g、20.04g、20.05g、20.05g，则该样品质量的最佳估计值为（　　）。

A. 20.00g　　B. 20.04g　　C. 20.05g　　D. 20.06g

5.【2023 检师判断】修正因子是为补偿系统测量误差而与未修正测量结果相乘的数字因子。（　　）

6.【2023 检师判断】测量正确度反映了测量的随机误差，可用一个量值定量表示。（　　）

7.【2023 检师判断】测量精密度常用于定义测量误差。（　　）

8.【2023 检师判断】一台仪器的示值误差为满量程的 0.5%，则该仪器的准确度为 0.5%。（　　）

9.【2023 检师判断】随机测量误差的参考量值是真值，或是测量不确定度可忽略不计的测量标准的测得值。（　　）

10.【2023 检师多选】以下术语属于测量精密度范畴的有（　　）。

A. 测量准确度　　B. 测量正确度

C. 测量重复性　　D. 测量复现性

11.【2022 检师单选】同一操作人员，在同一实验室内，使用同一仪器，短时间内对同一试件进行多次测量，标准偏差越小，说明（　　）越好。

A. 测量准确度　　B. 测量复现性

C. 测量重复性　　D. 测量正确度

12.【2022 检师多选】关于标准物质的描述正确的有（　　）。

A. 可用于测量精密度控制

B. 特定条件下可用于测量正确度控制

C. 在使用前须进行赋值

D. 应具有足够均匀和稳定的特性

13.【2022 助理单选】在相同条件下对被测量对象进行有限次独立重复测量的算术平均值是(　　)。

A. 被测量的期望值　　B. 被测量的最佳估计值

C. 被测量的真值　　D. 被测量的近似值

14.【2022 助理单选】(　　)是指在规定条件下,对同一或类似被测对象重复测量所得示值或测得值间的一致程度。

A. 测量准确度　　B. 测量正确度

C. 测量精密度　　D. 测量不确定度

15.【2021 检师多选】测量标准是为了(　　)量的单位或一个或多个量值,其用作参考的实物量具、测量仪器、参考物质或测量系统。

A. 定义　　B. 保存　　C. 描述　　D. 复现

16.【2018 检师多选】下列有关试验检测技术术语的描述正确的有(　　)。

A. 测量正确度是无穷多次重复测量所得量值的平均值与一个参考量值之间的程度,一般用非负数值表示

B. 测量准确度是被测量的测得值与其真值间的一致程度

C. 测量正确度与测量系统误差有关,与随机测量误差无关

D. 测量精密度是随机误差对测量结果的影响,精密度高表示随机误差小

【本章答案】

1. √	2. ×	3. ACD	4. C	5. √
6. ×	7. ×	8. ×	9. ×	10. CD
11. C	12. ABD	13. B	14. C	15. ABD
16. BCD				

第七章 法定计量单位

第一节 国际单位制

1.【2024 检师单选】SI 单位是指国际单位制中与(　　)构成一贯单位制的单位。

A. 基本单位　　B. 辅助单位

C. 导出单位　　D. 十进制倍数单位

2.【2024 检师多选】下列单位中,属于国际单位制单位的有(　　)。

A. 分贝,Db　　B. 弧度,rad　　C. 球面度,Sr　　D. 毫升,mL

3.【2024 检师多选】属于国际单位制(SI)基本单位,且书写规范的有(　　)。

A. 米,m　　B. 安培,A　　C. 千克,KG　　D. 摄氏度,℃

4.【2024 助理多选】SI 单位的组成包括(　　)。

A. SI 基本单位　　B. SI 辅助单位

C. SI 导出单位　　D. 国家选定的计量单位

5.【2024 助理多选】属于国际单位制辅助单位的有(　　)。

A. 赫兹　　B. 弧度　　C. 焦耳　　D. 球面度

6.【2023 检师单选】以下量和量的单位符号,对应正确的是(　　)。

A. 电位,V　　B. 应力,N　　C. 照度,lm　　D. 物质的量,kg

7.【2023 检师多选】关于量值范围的表示方式,下列表示恰当的有(　　)。

A. 20 × (1 ± 0.1) ℃　　B. 18℃ ~ 22℃

C. 20 ± 2℃　　D. 20℃ ± 2℃

8.【2023 检师多选】在技术文件中标注额定电压和电流时,下列表示恰当的有(　　)。

A. 180 ~ 240V, 5 ~ 10A

B. 180V ~ 240V, 5A ~ 10A

C. (180 ~ 240) V, (5 ~ 10) A

D. (180 ~ 240)伏[特],(5 ~ 10)安[培]

9.【2022 检师多选】属于我国法定计量单位的有(　　)。

A. 吨,t　　B. 特克斯,tex　　C. 节,kn　　D. 亩,mu

10.【2022 检师多选】属于 SI 辅助单位的有(　　)。

A. N　　B. sr　　C. rad　　D. Pa

11.【2022 助理判断】一切属于国际单位制的单位都是我国的法定计量单位。　　(　　)

12.【2021 助理多选】以下量的单位符号书写准确的有(　　)。

A. 质量,KG　　B. 长度,m　　C. 容积,mL　　D. 温度,℃

【本节答案】

1. A	2. BC	3. AB	4. ABC	5. BD
6. A	7. ABD	8. BCD	9. ABC	10. BC
11. √	12. BCD			

第二节　SI 单位及其倍数单位的应用

1.【2024 检师判断】在出具报告时,旋转速度的单位可写成:千秒$^{-1}$。(　　)

2.【2022 检师单选】以下单位换算不正确的是(　　)。

A. 1MPa = 10Pa　　B. 1′ = 60″

C. 1kJ = 103N · M　　D. 1rad = 180°

【本节答案】

1. ×　　2. D

第八章　数值修约规则与极限数值的表示和判定、测量误差与测量不确定度

第一节　数值修约规则

1.【2024 检师单选】将 -70.25 修约到“个”位数的 0.5 单位，得(　　)。

A. -70　　B. -70.5　　C. -70.0　　D. 70.5

2.【2024 检师判断】按照数值修约规则，可以在确定的修约间隔进行多次连续修约。(　　)

3.【2023 检师单选】根据有效数字运算规则，在计算 0.00211 ×40.34 ×3.03687 ×44.351 时，各参加运算数据所保留的有效数字位数，以(　　)为标准。

A. 44.351　　B. 3.03687　　C. 40.34　　D. 0.00211

4.【2022 检师单选】将 0.525499 和 1.24500 修约到 3 位有效数字，正确的是(　　)。

A. 0.525 和 1.25　　B. 0.53 和 1.24

C. 0.525 和 1.24　　D. 0.525 和 1.245

5.【2022 检师判断】对算式 1.25 +0.03565 进行运算，按照修约规则，结果应为 1.28565。(　　)

【本节答案】

1. C　　2. ×　　3. D　　4. C　　5. ×

第二节　极限数值的表示和判定

1.【2024 检师单选】下列表述符合极限数值 mm 要求的是(　　)。

A. 从 38mm 到 41mm　　B. 从 38mm 到 41mm(不含 38mm)

C. 从 38mm 到 41mm(不含 41mm)　　D. 从 38mm 到 41mm(不含 38mm 和 41mm)

2.【2024 检师判断】在判断测定值是否符合标准限值要求时，修约值比较法相对于全数值比较法更严格。(　　)

3.【2024 检师多选】某标准中给出的极限数值为 500Ω(1 ±5%)(不含 5%)，下列检测结果中满足该标准的是(　　)。

A. 475Ω　　B. 476Ω　　C. 524Ω　　D. 525Ω

4.【2023 检师单选】对特定的考核指标 X,关于极限值范围的表述与相应的符号表示一致的是(　　)。

A. 不大于 A, $X < A$　　B. 大于或等于 A, A

C. 大于 A 且小于 B, $X > A < B$　　D. 从 A 到 B, $A \leqslant X \leqslant B$

5.【2023 检师单选】某项目中所需钢筋直径要求为(10.0 ±0.1)mm(不含 +0.1),在不考虑测量不确定度的情况下,按修约值比较法,以下所测结果不符合要求的是(　　)。

A. 9.94mm　　B. 9.98mm　　C. 10.06mm　　D. 10.05mm

6.【2022 检师判断】某工件直径的要求为(10.0 +/ −0.1)mm,实测结果为 9.86mm,则按全数值比较法可判断该工件符合要求。(　　)

7.【2019 检师判断】全数值比较法比修约值比较法相对严格,所以全数值比较判定为不合格的,修约值比较可能判定为合格,全数值比较判定为合格的,修约值比较肯定判定为合格。(　　)

【本节答案】

1. A　　2. ×　　3. ABC　　4. D　　5. C

6. ×　　7. ×

第三节　测量误差与测量不确定度

1.【2024 检师单选】测量不确定度是根据所用到的信息,表征赋予被测量量值(　　)的非负参数。

A. 准确性　　B. 正确性　　C. 分散性　　D. 不确定性

2.【2024 检师单选】下列符合测量误差定义的是(　　)。

A. 测得的量值减去参考量值　　B. 参考量值减去测得的量值

C. 测得值与参考量值的比值　　D. 测得值与参考值之差的绝对值

3.【2024 检师单选】对某试件的长度进行 9 次测量,计算得单次测量的实际标准偏差为 1.8mm,以 9 次测量结果的平均值作为测量结果,则测量结果的 A 类标准不确定度为(　　)。

A. 0.2mm　　B. 0.6mm　　C. $1.8/\sqrt{3}$ mm　　D. 1.8mm

4.【2024 检师单选】采用一组实验结果的标准偏差,可以表征该组试验结果的(　　)。

A. 正确度　　B. 准确度　　C. 精密度　　D. 精确度

5.【2024 检师判断】某测量仪器的最大允许误差为 ±1mm,并经计量部门检定合格,则评定不确定度时,由该仪器引入的标准不确定度分量为 1mm。(　　)

6.【2024 检师判断】由于测量结果具有不确定度,因此当测量结果位于规范限两侧以扩展不确定度为半宽的区域内时,无法判断其是否合格。(　　)

7.【2024 检师多选】已知某工程中要求钢筋直径为(20.0 ±0.6)mm,对一批样品进行检测时的不确定度为 $U = 0.2$mm, $k = 2$。根据《检测和校准结果及与规范符合性的报告指南》(RB/T

197—2015)，下列样品的检测结果中，可判定为合格的是(　　)。

A. 19.5mm　　B. 19.6mm　　C. 20.0mm　　D. 20.4mm

8.【2024 检师多选】下列因素中，可能产生测量误差的有(　　)。

A. 测量仪器不准确　　B. 测量方法不完善

C. 环境条件不稳定　　D. 操作人员水平不高

9.【2024 助理多选】对误差概念理解正确的是(　　)。

A. 误差是测得值与参考值的差　　B. 误差包括系统误差和随机误差等

C. 误差由测量过程的误操作引起　　D. 误差既可以为正值也可以为负值

10.【2024 助理多选】测量不确定度的来源包括(　　)等。

A. 被测量的定义不完善　　B. 复现被测量的测量方法不理想

C. 测量仪器的计量性能的局限性　　D. 对环境参数的测量与控制不完善

11.【2024 助理单选】测量不确定度 A 类评定是对在规定测量条件下测得的量值采用统计分析的方法进行的测量不确定度分量的评定，其标准不确定度用(　　)表征。

A. 方差　　B. 平均偏差　　C. 极差　　D. 实验标准差

12.【2023 检师单选】下列不确定度的表示形式最恰当的是(　　)。

A. $U_{95}=2g$　　B. $U=1\mu m(k=2)$

C. $U_r=0.5\%$　　D. $U_r=0.2g, k=2$

13.【2023 检师单选】关于系统误差和随机误差关系的表述正确的是(　　)。

A. 测量误差为系统误差减去随机误差　　B. 测量误差由系统误差和随机误差组成

C. 系统误差 > 随机误差　　D. 测量误差 > 系统误差

14.【2023 检师单选】一台电压表的满量程为 500V，在 200V 处的示值误差为 −2V，且为各处示值误差中最大者，则该电压表的相对示值误差为(　　)。

A. −1%　　B. −0.4%　　C. 0.4%　　D. 1%

15.【2023 检师单选】在重复性条件下，对某一被测对象进行了 4 次测量，其结果分别为：9.98mm、10.04mm、10.01mm、10.03mm，用极差法计算得到的实验标准偏差为(　　)。(注：测量次数为 4 时，极差系数近似为 2)

A. 0.015mm　　B. 0.02mm　　C. 0.03mm　　D. 0.06mm

16.【2023 检师单选】在重复性条件下，用温度计对某实验室的温度重复测量了 9 次，通过计算得到其实验标准偏差 $S=0.3$℃，若以 9 次测量的平均值作为测量结果，则由重复性引入的标准不确定度分量为(　　)。

A. (0.1/3)℃　　B. 0.1℃　　C. 0.2℃　　D. 0.6℃

17.【2023 检师单选】某标准要求测距仪的最大允许误差为 MPE：±0.01mm，某测距仪校准证书显示“示值误差为 11μm，测量不确定度为：$U=5\mu m, k=2$”，则依据该标准，此测距仪(　　)。

A. 不合格　　B. 合格

C. 无法确定是否合格　　D. 须修正后使用

18.【2023 检师多选】关于测量误差和测量不确定度，说法正确的有(　　)。

A. 测量误差与测量不确定度在数值上没有确定关系

B. 测量误差可以为负值,而测量不确定度为非负值

C. 测量误差和测量不确定度均可以用于测量结果的修正

D. 测量误差是个具体的值,而测量不确定度表示一个区间

19.【2023 检师多选】对某样品质量 m_s 进行多次重复测量得到的平均值为 30.0124g,若测量过程的合成标准不确定度 $u_c(m_s)=0.3\text{mg}$,取包含因子 $k=2$,则以下表示的测量结果中正确的有(　　)。

A. $m_s=30.0124\text{g};U=0.6\text{mg},k=2$　　B. $m_s=(30.0124\pm50.0006)\text{g};k=2$

C. $m_s=30.0124\text{g};u_c(m_s)=0.3\text{mg}$　　D. $m=30.0124\text{g};u_c(m_s)=0.3\text{mg},k=1$

20.【2022 检师判断】试验检测中的任何测量结果都存在误差,具有分散性。　　(　　)

21.【2022 检师判断】测量结果的误差与其不确定度在数值上没有确定的关系。　　(　　)

22.【2022 检师判断】测量误差表示测量结果对参考量值的偏离量,在数轴上表示为一个点,而测量不确定度在数轴上表示一个区间。　　(　　)

23.【2022 检师多选】用游标卡尺对一个标称值为 x_0 的量块进行测量,测得值为 x,则对测量误差的表示正确的有(　　)。

A. $x-x_0$　　B. $|x-x_0|$　　C. $(x-x_0)/x_0$　　D. $|x-x_0|/x$

24.【2022 检师多选】关于测量误差的说法不正确的有(　　)。

A. 通过改善测量方案可以消除测量误差 B. 相对误差是指绝对误差与真值的比值

C. 测量误差越小则测量结果越接近真值 D. 最大允许误差是测量误差的特殊形式

25.【2022 助理单选】对于测量仪器的最大允许误差,表示恰当的是(　　)。

A. MPEV: ±1.5mV　　B. MPE = ±1%

C. MPE: ±(3 + L/200)μm　　D. MPE:0.05 ~ 1.00mm

26.【2022 助理判断】测量不确定度只能进行定性分析,无法进行定量计算。　　(　　)

27.【2022 助理判断】测量准确度反映了测量的系统误差,可以用示值误差定量表示。　　(　　)

28.【2021 助理单选】不属于 B 类不确定度评定依据的是(　　)。

A. 被测量的观察列

B. 仪器设备说明书

C. 检定/校准证书

D. 方法标准中给出的复现性限或重复性限

【本节答案】

1. C	2. A	3. B	4. C	5. ×
6. √	7. BCD	8. ABCD	9. ABD	10. ABCD
11. D	12. B	13. B	14. A	15. C
16. B	17. A	18. ABD	19. AB	20. √
21. √	22. √	23. AC	24. AD	25. B
26. ×	27. ×	28. A		

第九章　能力验证

第一节　能力验证的基本概念

1.【2024 检师多选】根据《合格评定　能力验证的通用要求》(GB/T 27043—2012),能力验证的主要目的包括(　　)。

A. 识别实验室间的差异

B. 增加实验室客户的信心

C. 识别实验室存在的问题并启动改进措施

D. 评定实验室从事特定检测或测量的能力

2.【2021 检师单选】(　　)是指按照预先规定的条件,由两个或多个实验室对相同或类似的物品进行测量或检测的组织、实施和评价。

A. 测量审核　　B. 实验室内比对

C. 校准　　D. 实验室间比对

3.【2021 助理多选】能力验证的目的包括(　　)。

A. 增强实验室用户的信心　　B. 识别实验室间的差异

C. 帮助实验室能力提高　　D. 建立检测或测量方法的有效性和可比性

【本节答案】

1. ABCD　　2. D　　3. ABCD

第二节　能力验证的通用要求

1.【2024 检师判断】根据《合格评定　能力验证的通用要求》(GB/T 27043—2012),能力验证提供者可向顾问、专家或指导小组寻求建议和帮助,但不可将能力验证计划的策划工作分包。(　　)

【本节答案】

1. √

第三节　能力验证计划的设计与实施步骤

1.【2024 检师判断】根据《合格评定　能力验证的通用要求》(GB/T 27043—2012),应基于不均匀性和不稳定性对参加者能力评定可能产生的影响,建立合适的均匀性和稳定性判定准则。　(　　)

2.【2021 检师单选】依据《能力验证计划的选择与核查及结果利用指南》(RB/T 031—2020)的规定,以下说法正确的是(　　)。

A. 所有能力验证计划都要根据结果的离散性进行评价

B. 能力评定标准差仅适用于比例尺度和区间尺度的结果

C. 行动信号由离群值产生

D. 能力验证计划不可以使用多种检测方法

3.【2021 助理多选】能力验证计划应包括对验证物品(　　)的要求。

A. 生产　　B. 质量控制　　C. 储存　　D. 分发

【本节答案】

1. √　　2. B　　3. ABCD

第四节　能力验证结果的统计处理和能力评价

1.【2024 检师单选】根据《合格评定　能力验证的通用要求》(GB/T 27043—2012),下列指定值的确定方法中,不确定度最大的是(　　)。

A. 已知值　　B. 有证参考值

C. 由参加者确定的公议值　　D. 由专家参加者确定的公议值

2.【2024 检师判断】一轮能力验证计划中,用 Z 比分数评定实验室的能力,当 $2.0 \leqslant |Z| \leqslant 3.0$ 时,实验室结果为有问题。　(　　)

3.【2024 检师多选】根据《合格判定　能力验证的通用要求》(GB/T 27043—2012),在能力验证中,采用统计方法进行能力评定,下列结果表明能力“满意”的是(　　)。

A. $|z| \leqslant 2.0$　　B. $|E_n| \leqslant 1.0$

C. $|z| \geqslant 3.0$　　D. $|E_n| > 1.0$

4.【2024 检师多选】根据《合格评定　能力验证的通用要求》(GB/T 27043—2012),能力验证中能力评定标准差的确定方法包括(　　)。

A. 由某个实验室报告的结果确定

B. 由精密度试验得到的结果确定

C. 由同一轮能力验证计划参加者报告的结果确定

D. 根据能力验证的目标和目的,由专家判定或法规规定

5.【2023 检师单选】根据《合格评定　能力验证的通用要求》(GB/T 27043—2012),实验室参加能力验证计划结果比分数为 2.6,表明其能力为(　　)。

A. 满意　　B. 有问题　　C. 可疑　　D. 不满意

6.【2023 检师单选】根据《合格评定　能力验证的通用要求》(GB/T 27043—2012),通常情况下,由于参加者逐渐熟悉能力验证计划或方法得到改进,实验室间标准差会随时间而(　　)。

A. 增大　　B. 保持稳定　　C. 减小　　D. 明显波动

7.【2023 检师单选】在进行能力验证时,按以下方法确定的指定值中,不确定度相对最小的是(　　)。

A. 已知值　　B. 有证参考值

C. 由专家参加者确定的公议值　　D. 由参加者确定的公议值

8.【2023 检师单选】在进行能力验证时,若采用 E_n 值作为统计量,则以下结果可判定为满意的是(　　)。

A. $E_n = -2$　　B. $E_n = -1$　　C. $E_n = 2$　　D. $E_n = 3$

9.【2022 助理判断】能力验证属于合格评定范畴,常用的评价指标是能力评定标准差。

(　　)

【本节答案】

1. C　　2. ×　　3. AB　　4. BD　　5. B

6. C　　7. A　　8. B　　9. √

第十章　统计技术和抽样技术

第一节　统计技术的基础

1.【2024 检师单选】如果事件 A 和事件 B 互相独立,事件 A 发生的概率为 $P(A)=0.2$,事件 B 发生的概率为 $P(B)=0.4$,则事件 A 和事件 B 同时发生的概率 $P(AB)$ 为(　　)。

A. 0.08　　B. 0.2　　C. 0.3　　D. 0.6

2.【2024 检师判断】正态分布有两个参数 μ 和 σ,决定了正态分布的位置和形态,对于标准正态分布,$\mu=1$,$\sigma=0$。(　　)

3.【2024 检师多选】统计学中,随机变量的数字特征包括(　　)。

A. 方差　　B. 协方差

C. 数学期望　　D. 测量不确定度

4.【2023 检师单选】若事件 A 的发生不影响事件 B 的发生,关于概率的等式,成立的是(　　)。

A. $P(A+B)=P(A)+P(B)$　　B. $P(AB)=P(A)+P(B)$

C. $P(AB)=P(A)P(B)$　　D. $P(AB)=0$

5.【2023 检师单选】在 N 次的重复试验中,若随机事件 A 出现了 n_A 次,则随机事件 A 出现的概率为(　　)。

A. n_A/N　　B. N/n_A

C. $\lim(n_A/N)N\to\infty$　　D. $(n_A/N)\times100\%$

6.【2023 检师判断】正态分布的标准差越大,其概率密度函数曲线的峰越平缓。(　　)

7.【2022 检师单选】若事件 A 与 B 互相独立,且两事件单独发生的概率分别为 30% 和 20%,则 A 和 B 同时发生的概率为(　　)。

A. 6%　　B. 25%　　C. 30%　　D. 50%

8.【2022 检师单选】一组容积测量结果的标准偏差为 0.5L,平均值为 $50dm^3$,则该组测量结果的变异系数为(　　)。

A. 0.1L　　B. 0.01L　　C. 0.01　　D. 0.1

9.【2022 检师单选】关于统计分布,以下说法正确的是(　　)。

A. 均匀分布为对称分布

B. 标准正态分布曲线与横向坐标轴永不相交

C. 正态分布相对于 y 轴对称

D. 正态分布曲线越窄,标准差越大

10.【2022 检师单选】当自由度为无穷大时,t 分布(　　)。

A. 不存在　　B. 趋向于 0

C. 转换为标准正态分布　　D. 转换为均匀分布

11.【2022 检师判断】一枚硬币连续投掷 3 次,观测出现正面的次数,则观测值的样本空间为:$S=\{0,1,2,3\}$。(　　)

12.【2021 检师判断】当重复测量的结果受大量、微小、独立因素影响时,其概率分布可近似为正态分布。(　　)

【本节答案】

1. A	2. ×	3. ABC	4. C	5. A
6. √	7. A	8. C	9. B	10. C
11. √	12. √			

第二节　常用数理统计工具

1.【2024 检师判断】通过工程某个技术指标样本的数据频数直方图,可以判断该技术指标质量是否正常。(　　)

2.【2024 助理单选】从样本数据频数直方图的图形可以判断工程质量是否正常,出现孤岛型频数直方图的原因主要是(　　)。

A. 数据分组太多　　B. 收集数据不正常

C. 质量特性在某区间中均匀变化　　D. 材料发生变化,测试有误差

3.【2024 助理多选】常用数理统计工具有(　　)。

A. 调查表　　B. 分层法　　C. 因果图　　D. 直方图

4.【2022 检师单选】以下方法中,常用于逐步深入研究和分析质量问题的是(　　)。

A. 直方图　　B. 控制图　　C. 因果图　　D. 排列图

5.【2022 助理判断】因果图是一种逐步深入研究和讨论质量问题的图示方法,“鱼骨图”或“树枝图”是其常见表现形式。(　　)

6.【2021 检师多选】以下关于统计直方图在试验数据分析中的应用,说法正确的有(　　)。

A. 可以从频数直方图的形状判断工程质量是否正常

B. 正常的频数直方图没有突出的顶峰,分布均匀

C. 若直方图出现孤立小岛,可能存在明显的测试误差

D. 若直方图出现凹凸不平形状,应考虑重新收集或整理数据

7.【2021 助理单选】以下不属于常用的异常值剔除方法的是(　　)。

A. 肖维纳特法　　B. 格拉布斯法

C. 移动平均法　　D. 3 倍标准差法

8.【2021 年多选】质量检测过程中,绘制直方图的目的是通过观察图的形状(　　)。

A. 判断质量是否稳定　　B. 判断质量分布状态是否正常

C. 预测不合格率　　D. 统计数据出现的概率

【本节答案】

1. √　2. D　3. ABCD　4. C　5. √

6. ACD　7. C　8. ABC

第三节　抽样技术及应用

1.【2024 检师单选】批是指按照抽样的目的,在(　　)条件下组成总体的一个确定部分。

A. 特定　　B. 完全不同

C. 基本相同　　D. 基本不同

2.【2024 助理单选】对于大小为 N 的总体,抽取 n 个样本,若全部可能的样本被抽中的概率都相等,则此抽样过程称为(　　)。

A. 系统抽样　　B. 整群抽样

C. 等比例抽样　　D. 简单随机抽样

3.【2024 助理判断】简单随机抽样中的不重复抽样特点是任何一个总体单位不可能在同一样本中重复出现,并且样本构造的估计量的概率分布不相同。(　　)

4.【2023 检师多选】关于抽样检验的特点,表述正确的有(　　)。

A. 以部分推断总体　　B. 检验工作量较全数检验小

C. 以数理统计学为理论依据　　D. 抽样方法不影响检验结果的可靠性

5.【2022 助理判断】等距抽样是系统抽样的一种方式。(　　)

6.【2022 检师多选】简单随机抽样的抽选方法有(　　)。

A. 抽签法　　B. 等距抽取法

C. 随机数法　　D. 分组抽取法

7.【2022 检师多选】抽样方案至少应当包括(　　)。

A. 样本量　　B. 质量判定规则

C. 抽样时间　　D. 抽样方法

8.【2022 检师单选】一批检验产品,共有 100 箱,从中随机抽取 10 箱,对这 10 箱产品逐一进行检测,这种抽样方法为(　　)。

A. 简单随机抽样　　B. 系统抽样

C. 分层抽样　　D. 整群抽样

9.【2022 检师单选】关于抽样检验的说法正确的是(　　)。

A. 抽样检验与全数检验结果一致　　B. 抽样检验的结果跟抽样方法无关

C. 抽样检验以数理统计为理论依据　　D. 抽样检验不如全数检验适用性强

10.【2020 检师单选】将总体中的抽样单元按一定顺序排列,在规定范围内随机抽取一个或一组初始单元，然后按照一定规则确定其他样本单元的抽样叫(　　)。

A. 简单随机抽样　　B. 系统抽样

C. 多阶段抽样　　D. 整群抽样

【本节答案】

1. C	2. D	3. ×	4. ABC	5. √
6. AC	7. AB	8. D	9. C	10. B

第十一章　仪器设备使用管理

第一节　仪器设备计量溯源

1.【2024 助理单选】关于仪器设备的计量溯源，说法正确的是(　　)。

A. 检验检测机构不能对自有仪器进行自校准

B. 仪器校准结果的确认主要是为了确定仪器是否损坏

C. 仪器无法溯源到国家测量标准时，可以溯源至有证标准物质

D. 经校准的仪器设备需经确认，满足使用要求时方可使用，检定合格的仪器设备无须确认

2.【2023 检师判断】检定证书、校准证书、检测报告均可作为测量仪器计量溯源的依据。(　　)

3.【2022 助理多选】实验室对仪器设备进行量值溯源，可采用的方式有(　　)。

A. 由具备能力的实验室进行校准　　B. 由具备资质的计量机构进行检定

C. 由第三方检测机构进行测试　　D. 对仪器进行期间核查

4.【2022 助理单选】关于仪器设备的计量溯源，说法不正确的是(　　)。

A. 检验检测机构可以对自有仪器开展内部校准

B. 仪器校准结果的确认主要是为了保证仪器能够满足检验检测要求

C. 用于检测的仪器可通过实验室能力验证溯源到国家标准

D. 经校准的仪器设备需经确认，满足使用要求时方可使用，检定合格的仪器设备也需确认

5.【2022 检师多选】当无法溯源到国家或国际测量标准时，测量结果应通过(　　)等途径，证明其测量结果与同类检验检测机构的一致性。

A. 期间核查　　B. 溯源至有证标准物质

C. 机构间比对　　D. 溯源至公认的测量方法、标准

6.【2022 检师单选】不属于计量标准表现形式的是(　　)。

A. 实物量具　　B. 检定规程

C. 测量仪器　　D. 测量系统

7.【2022 检师判断】自校准是利用测量设备自带的校准程序进行的校准活动，经内部质量管理体系评审，可作为有效的量值溯源依据。(　　)

8.【2021 助理单选】关于仪器设备检定和校准，以下说法正确的是(　　)。

A. 校准证书会给出仪器设备是否合格的结论
B. 经检定合格的仪器设备可以不经确认直接使用
C. 校准只能依据校准规范,不能依据检定规程
D. 经校准的仪器设备应根据使用条件进行确认后使用

9.【2021 检师多选】以下属于实物量具的有(　　)。
A. 激光测距仪　　B. 量块
C. 标准砝码　　D. 游标卡尺

【本节答案】

1. C　2. ×　3. ABC　4. C　5. BCD
6. B　7. ×　8. D　9. BC

第二节　计量结果的确认及运用

1.【2024 检师判断】检定合格的仪器设备,使用前可不必进行计量确认。　(　　)

2.【2024 检师多选】对作为仪器设备计量溯源性证据的文件(如校准证书)进行确认应至少包括(　　)。
A. 校准证书的完整性和规范性
B. 校准所用标准器的校准证书的完整性和规范性
C. 根据校准结果判定仪器设备是否符合预期使用要求
D. 适用时,根据校准结果对相关设备进行调整、导入校准因子或在使用中修正

3.【2023 检师判断】计量确认的依据可以是检定规程、设备的使用说明书或试验规程。(　　)

4.【2023 检师多选】规范对某烘干试验要求的温度范围为 105 ~ 110℃,经计量机构校准,所用烘箱设置温度为 110℃时,实际温度为 108.5℃,温度波动度为 ±0.6℃。则开展试验时,对该烘箱的温度设置恰当的是(　　)。
A. 106.5℃　B. 107.5℃　C. 110.8℃　D. 111.5℃

5.【2022 检师多选】为确定仪器设备是否符合试验检测需要而对其校准证书进行确认,主要依据有(　　)。
A. 工程设计文件　　B. 设备说明书
C. 试验检测规程　　D. 试验检测要求

6.【2022 检师判断】计量确认的目的是保证测量设备处于满足预期使用要求的状态,检定合格的仪器无须进行计量确认。　(　　)

【本节答案】

1. ×　2. ACD　3. ×　4. BC　5. CD
6. ×

第三节　校准数据线性回归处理方法

1.【2024 检师单选】相关系数 r_{xy} 是用来衡量两个变量 x,y 之间的相关程度,如果 r_{xy} 趋近于 0,则 x 与 y 之间(　　)。

A. 完全相关　　B. 没有线性关系

C. 没有非线性关系　　D. 符合直线函数关系

2.【2023 检师多选】当变量 x、y 之间存在相互依赖的定量关系时,可采用统计分析方法建立两变量的线性回归关系,下列叙述正确的有(　　)。

A. 拟合过程依据最小二乘法基本原理

B. x、y 之间的相关程度可以用相关系数来衡量

C. 相关系数的取值范围为[0,1]

D. 相关系数为 0 时,说明 x、y 不相关

【本节答案】

1. B　　2. ABD

第四节　仪器设备期间核查

1.【2024 检师单选】下列仪器设备中,不必作为检验检测机构期间核查重点的是(　　)。

A. 使用非常频繁的仪器设备　　B. 经常带到现场使用的仪器设备

C. 即将达到检校周期的仪器设备　　D. 性能不稳定,漂移率大的仪器设备

2.【2023 检师判断】对仪器进行期间核查时,核查标准应性能稳定,无须经过计量机构校准赋值即可使用。(　　)

3.【2023 检师多选】关于标准物质的说法正确的有(　　)。

A. 具有足够均匀和稳定的特性　　B. 具有确定的量值

C. 都可用于测量精密度控制　　D. 都可用于仪器校准

4.【2022 检师单选】关于期间核查的作用,说法正确的是(　　)。

A. 用于判定仪器设备是否合格　　B. 用于检查仪器设备性能是否稳定

C. 用于检查仪器设备是否准确　　D. 用于判定仪器设备是否超负荷运行

5.【2022 助理多选】关于检定、校准和期间核查的说法正确的有(　　)。

A. 检定用于判定仪器设备是否符合法定要求

B. 校准证书可用于测量仪器的计量特性评定

C. 期间核查一般由检验检测机构自行开展

D. 期间核查应在检定、校准后立即开展

6.【2019 助理单选】下列不属于仪器设备期间核查方法的是(　　)。

A. 留样再测法　　B. 标准物质法
C. 实物标样检查法　　D. 维护保养法

7.【2017 检师单选】有关期间核查的描述正确的是(　　)。
A. 标准物质是具有足够均匀和稳定的特定特性的物质,无须进行期间核查
B. 期间核查不同于一般的功能检查
C. 所有的设备都要进行期间核查
D. 期间核查的目的是确认仪器设备是否配备齐全

【本节答案】

1. C　2. ×　3. AC　4. B　5. ABC
6. D　7. B

第五节　公路水运工程试验检测仪器设备计量要求

1.【2024 助理单选】根据《水运工程试验检测仪器设备检定/校准指导手册》(交办安监〔2018〕33 号),烘箱建议的校准周期为(　　)。
A. 半年　B. 1 年　C. 2 年　D. 3 年

【本节答案】

1. C

第十二章　公路水运工程质量检验评定相关标准基础知识

1.【2024 检师单选】根据《公路工程质量检验评定标准　第一册　土建工程》(JTG F80/1—2017),公路工程质量检验评定应按分项工程、分部工程、单位工程(　　)进行。

A. 分别　　B. 逐级　　C. 独立　　D. 同时

2.【2024 检师判断】根据《公路工程质量检验评定标准　第一册　土建工程》(JTG F80/1—2017),工程质量评定中,所含分项工程合格,则该合同段评定为合格。(　　)

3.【2024 检师多选】根据《公路工程质量检验评定标准　第一册　土建工程》(JTG F80/1—2017),分部工程中根据(　　)划分的工程为分项工程。

A. 路段长度　　B. 施工工序

C. 结构部位　　D. 工艺或材料

4.【2024 检师多选】根据《水运工程质量检验标准》(JTS 257—2008),港口工程中,(　　)的疏浚工程各为一个单位工程。

A. 航道　　B. 港池　　C. 泊位　　D. 锚地

5.【2024 检师多选】根据《公路工程质量检验评定标准　第一册　土建工程》(JTG F80/1—2017),工程质量评定中,单位工程质量评定合格应满足(　　)。

A. 评定资料完整　　B. 合同段合格

C. 所含分部工程合格　　D. 外观质量符合要求

6.【2024 助理单选】根据《公路工程质量检验评定标准　第一册　土建工程》(JTG F80/1—2017),进行工程质量检验时,分项工程应按基本要求、实测项目、外观质量和(　　)等检验项目分别检查。

A. 耐久性　　B. 安全性能

C. 绿色环保　　D. 质量保证资料

7.【2024 助理单选】根据《水运工程质量检验标准》(JTS 257—2008),码头工程的单位工程可将长度超过(　　)的附属栈桥或引堤作为一个单位工程。

A. 300m　　B. 500m　　C. 600m　　D. 800m

8.【2023 检师判断】根据《公路工程质量检验评定标准　第一册　土建工程》(JTG F80/1—2017),一般项目的合格率应不低于 90%,否则该检查项目为不合格。(　　)

9.【2022 检师单选】根据《公路工程质量检验评定标准　第一册　土建工程》(JTG F80/1—2017),除机电工程外,检查项目中,关键项目的合格率应不低于(　　),否则该检查项目为不合格。

A. 80%　　B. 85%　　C. 90%　　D. 95%

10.【2022 助理单选】根据《公路工程质量检验评定标准　第一册　土建工程》(JTG F80/1—2017)，对实测项目按规定的检查方法和频率进行(　　)并计算合格率。

A. 见证抽样检验　　B. 随机抽样检验

C. 验证性检验　　D. 平行抽样检验

11.【2022 助理单选】根据《水运工程质量检验标准》(JTS 257—2008)，施工范围较大的分项工程宜将分项工程划分为若干(　　)。

A. 检验组　　B. 施工段　　C. 检验批　　D. 子分项

12.【2021 检师多选】依据《水运工程质量检验标准》(JTS 257—2008)的规定，主要检验项目是指分项工程中对(　　)起决定作用的项目。

A. 安全　　B. 卫生　　C. 环境保护　　D. 公众利益

【本章答案】

1. B	2. ×	3. BD	4. ABCD	5. ACD
6. D	7. B	8. ×	9. D	10. B
11. C	12. ABCD			